Ръководство за Духовност

# Ръководство за Духовност

Aldivan Torres

aldivan teixeira torres

# CONTENTS

1 1

"Ръководство за Духовност"
Aldivan Torres

## Ръководство за Духовност

Автор: Aldivan Torres
©2018- Aldivan Torres
Всички права запазени

Тази книга, включително всички части от нея, е защитена с авторски права и не може да се възпроизвежда без разрешение на автора, препродадени или прехвърлени.

Алдиван Торес, Гледачът, е утвърден писател в няколко жанра. Към днешна дата заглавията са публикувани на девет езика. От ранна възраст той винаги е бил любител на изкуството на писането, след като през втората половина на 2013 г. е консолидирал професионална кариера. Надява се с писанията си да допринесе за бразилската култура, пробуждайки удоволствието от четенето в тези, които все още нямат навика. Неговата мисия е да спечели сърцата на всеки от своите читатели. В допълнение към литературата, основните му вкусове са музика, пътуване, приятели, семейство, и удоволствието от живота. "За литературата, равенството, братството, справедливостта, достойнството и честта на човешкото същество винаги" е нейното мото.

Ръководство за духовност

Предупреждение

Семейството, фондация на цялото общество

На работното място

Разни теми

Търсене на достойнство и честност

Утрешната вяра и несигурност

Толеранс към спецификата на другите

Борбата за единство сред народите

Предизвикателството да живееш в свят на зло и лъжи

градско и селско насилие

Кой съм аз?

опита на болката

Определящите моменти от живота ми

живеене на правилната етика

грабежа

Разочарован ли си?

Материализъм и Царство Божие

отличната двойственост

Човешка и Божията милост

Какво представлява Бог в живота ви?

Въпросът за призоваването на мъртвите

Тъжният край на онези, които манипулират силата на мрака

Защо толкова много лоши неща се допускат на света?

да отпуснете заеми на Бог

да бъде като мравката

Нещата, които Бог мрази

наследството на човека

греха на пропуска

заплатата на човека
Дисциплина и непокорство
Праведните ще стоят вечно
Броят на годините се измерва чрез правосъдие
надежда в Бог
Стойността на дискретност
Важната роля на лидер
въпросите, свързани със гаранцията
стойността на красотата
борейки се за цел
Закон за връщането
как да напредваме в живота
ранната птица хваща червея
Кой ще намери Бог?
Колко ме обичаш?
учене от грешки
живот, направен от изяви
Значително решение
Кажи ми творбите си и ще ти кажа кой си
не се лят
добрите и лошите деца
Какво ме движи, за да правя добро
опасността от власт
Колко струваш?
Житейските дървета
добрият отговор
Значението на планирането
краят на човека
деня на правосъдието
това, което ме радва
Човекът прави проектите си, но отговорът идва от Бог
Или не действам правилно?
Защо нищо не върви правилно в живота ми?

Ето ме началото, средата и края на нещата
Душата ми
истинско щастие
отражение
Аз съм вашият водач
Гледате
това, което аз отби
ето аз наричам сина си
знаят как да споделят
дара на думата
Сладост, доброта и щедрост
кажи ми с кого ходиш, и ще ти кажа кой си
Стойността на опита
самоуправление
Съдбата
Моето училище
Пътища към Бог
стойка твърдо
Съвет
ето, че направих всички неща
Знай как да различаваш
Агресия
плати добре с добро
Винаги ще те обичам
Предизвикателството да живееш с бунтовници
божията благодат
Ето, обичам те през цялата вечност
Съдбата на групите
Горе главата
подкупа
Обещание
знаят как да слушат
Аз съм дълбока и проливен вода

Силата ми идва от Бог
за отчаяни сърца
да даде или да не даде подаръка?
късмет и лош късмет
добро е да си добре
Аз съм синът Божий
Съвет
няма вреда, която да трае
Социални взаимоотношения
молитва към баща
какво трябва да направите?
благоволението на мощните
добрият баща поправя сина
Кой е част от стадото ми?
Как да разбера дали поведението ми е одобрено от Бог?
Къде е верният човек?
Няма никой по-голям от мен
всички са грешници
Тайни
Проклет да си
Стойността на обещанията
Всичко в правилната мярка
Аз съм вашият водач и крепост
хляба, който не е имал
В училище
приятелството е рядко
Не сключените обича

## Предупреждение

Казвам се Бог и аз съм началото, средата и краят на всички неща, които съществуват. Чрез словото ми основите и структурите на вселената се оформиха трансформирайки това, което беше просто сън в пълна реалност. Моето творческо дело никога не престава, защото същността на живота е вечна.

Земята е една от най-красивите живи планети във Вселената. Подобно на първородния ви Каленкер, където създадох ангелите, аз поставих в тези същества изискана степен на интелигентност с цел да поръчам планетата. Тези същества се наричат мъже и са създадени по мой образ и подобие.

През човешката епоха винаги съм изпращал пророци от мое име, за да предупреждавам, организирам и водя верните си на планетата. Въпреки това, в по-голямата си част, те бяха отхвърлени в този свят, където цари злото.

Това е последният ми опит да се помиря с човечеството, че ако остане непокорен ще понесе дължимите последици, скъсявайки времето за пристигането на апокалипсиса с две трети.

Ето защо, наблюдавайте, молете се и слушайте моя син, който за пореден път се освещавам да посети земята. За него, цялата чест, слава и обожания винаги, амин!

## Семейството, фондация на цялото общество

Никой не е роден в брутен. Всички те идват от мъж и жена и се посрещат в семейство. Така е от началото на времето. Важността на семейната група е отразена в личния живот на всеки един. Аз имаме добра семейна база със затвърдени ценности, имаме голям шанс да бъдем добри родители, деца, братя, сътрудници, накратко, да бъдем истински хора.

Как може да бъде дефинирана текущата семейна група? Едно семейство е група от хора с подобни личности и цели, които не е задължително да бъдат от една и съща кръв и дори общности от приятели. Семейството е всичко добро и те са тези, на които наистина можем да разчитаме в трудни времена.

Децата са деликатна част от семейството. Възрастните трябва да се стремят да създават в тях привързана връзка по такъв начин, че да й се подчиняват. Избягвайте лошите влияния за децата си и ги предпазвайте от насилие и криминалност, за да се увековечат цял живот.

Създаването на връзки и укрепването на съществуващите с най-близките ви носи повече щастие и сигурност на човешките същества. Ценят онези, които са до вас през целия живот и преодоляват различията, за да имат приятно съвместно съществуване. Много здраве.

Кръв и сърце семейство: Има докладвани случаи на злоупотреба между членовете на семейството и отхвърляне. Често раздялата е неизбежна и човешките същества откриват по-голяма подкрепа сред непознатите. Семейството на сърцето, този, който те приема такъв, какъвто си, трябва да се цени като постоянно. Бъдете благодарни, ако намерите тези ангели на земята.

Роля на членовете на семейството: Едно семейство е социална група с определени правила сред своите членове. Родителите и по-големите деца имат задължението да предоставят подкрепа и насоки за по-малките деца, докато те трябва да бъдат послушни, полезни и да се посвещават на проучвания. Тя е взаимна размяна. Ако има нарушение на този договор, нещата могат да станат неустойчиви.

Важността на религиозната ориентация: От най-ранна възраст децата трябва да бъдат ориентирани към съществуващите религиозни матрици. Фактът, че родителите са от определена религия, не им дава право да налагат волята си на децата си. Зачитането на автономията и свободната воля на тези малки същества е съществено упражнение за една добра връзка. Независимо от решението им, любовта няма да се промени.

Ценности, на които трябва да се покланят: човечеството, вярност, лоялността, искреността, страха от Бога, любовта, мъдростта, сътрудничеството, съюза, уважението, достойнството, търговско дружество, толерантността, свободата, еволюцията, смелостта, вярата и надеждата.

Правила: Почистване на къщата, Събуждане рано, готвене, миене на чиниите, подреждане на стаята, четене на добра книга, поздравяване на другите, поведение на хранене, искане за разрешение при излизане и влизане в стаи, ви дава възможност да знаете кога излизате, слушане на добра релаксираща музика, работа, правене на добро, говорене, даване на съвети, ръководство, изучаване, споделяне на обекти с обща употреба, добре дошли посетители.

## *На работното място*

Караманду е млад чернокож, който наскоро се премести в Сао Пауло. Идвайки от вътрешността на Баия, по-конкретно от Порто сигурен съм, той никога не е смятал, че животът в основната столица на страната е толкова динамичен. Беше наел апартамент на около 50 мили от работа, защото беше по-евтино. Когато пристигнал на работа, в металургичен завод, той едва имал време да говори с колегите си поради сложността на функциите и прекомерната работа. Този рутинен цикъл също се повтаряше в свободното си време и през почивните дни, когато напусна дома си със съпругата. В столицата и околностите му животът бил много механичен, което дистанциран хората по различен начин от техния провинциален живот.

Причината да се премести в югоизточната част на страната е вътрешната криза на пазара на труда в неговото състояние. Фактът, че той имаше малко образование, също беше допринесъл за това. Единственият изход беше да пътуваш по покана на един от братовчедите му от Сао Пауло, който ти улесни заетостта.

Разчитайки на опита си, когато започва работа, навършва десет, той се адаптира към новата работа естествено. Тайната за него и за всяка професия е да е наясно с новите тенденции, да знае как да се отнася с хората от по-високи и по-ниски нива, да бъде асистент, да бъде пунктуална, да бъде гъвкава, да бъде отговорна, мила и учтива, да не се оплаква от извънреден труд, когато е необходимо, да работи с екипен дух, да има амбиция и нови идеи. Човекът е достоен само когато работи и се стреми да направи този свят среда по-добра. Просто има тенденция да расте.

Животът навсякъде по света е труден, но имайки дори духа войн на Караманду, нещата наистина могат да се случат. Това, което не можеш да направиш е да се страхуваш да не поемаш рискове или поне да опиташ. Дори и сега живеейки в метрополия, той никога няма да забрави малкото си парче земя в Баия и семейството му, което остана там. Произходът му го кара да се гордее.

Вътрешно той иска всичко да се получи, да има децата си, да остарее в столицата, но има проект, когато се пенсионира, за да има тих живот, оставяйки в състояние неговите деца в столицата и връщайки се на североизток. В края на краищата, има време, че човешките същества имат тази почивка и се радват на живота по-добре. Е, ние вкореняваме за вашия успех и щастие във вашите проекти.

Съвети за работа: Връзка с шефовете: Винаги се отнасяйте към шефа си с уважение, внимание и слушайте съветите му. Да го имаш такъв, какъвто е от съществено значение за бъдещето ти в компанията. Ако не понасяте критиките, трябва да преосмислите плановете си и дали наистина искате да сте служител.

Никога не пропускайте срещи и работни ангажименти, освен ако със сериозна обосновка. Помнете колко е важно да работите в това да бъдете ваш източник на доходи, може би за цял живот.

Не се доверявайте прекалено много на сътрудниците, защото ще бъдете разочаровани. Не давай приятелството си само на никого, умей да разделяш нещата. Приятели, които правите в живота и на работа обикновено намирате само колеги.

Внимавай с гущерите, тъй като няма да се замислят да те предават на шефа по някаква тривиална причина. Този тип хора искат да печелят точки само с висшестоящи за тяхна сметка и не заслужава никакъв вид обмисляне. Игнорирай ги и стой далеч от тях.

Знайте как да разпознаете ролята си във фирмата. Служителят трябва да живее до заплатата си, посвещавайки се в работното си време изцяло на функциите си. Опитайте се да не получите достъп до интернет, социални мрежи, мобилни телефони, чести посещения от роднини, познати. Това е причина за разсейване и, в зависимост от тежестта, причина за уволнението.

В свещената момент на почивка, напълно забрави за задълженията си. Пътувайте, четете много, излизайте с приятели, обърнете повече внимание на децата си и брачния партньор, вземете във филм, театър, футболен мач, или всеки друг спорт, накратко, се разсеете достатъчно, защото това е ваше право. На връщане ще имате подновена сила.

Винаги имай добра мрежа от контакти. В случай на безработица ще имате към кого да се обърнете.

Сближи се със семейството си и имай добри отношения с тях. Те са тези, на които наистина можете да разчитате по време на стрес.

"Приятел на площада струва повече от пари в кутията." Тази мъдра поговорка ни води винаги да стоим настрана онези, които имаме афинитет. Цени приятелските ръце, които винаги те приветстват.

На работа си тръгвайте по-рано само с оправдание. Не искай да се възползваш от добрата воля на шефа си, за да работиш по-малко часове. Оправдайте заплатата си, личната инвестиция и доверието, които са ви поставили.

Никога не идвай на работа пиян или упоен. Всъщност, не използвайте тези неща. Бъдете убедени, че поддържането на здравословен живот е най-добро за себе си.

Винаги, когато можеш, присъствай на социалните събития със сътрудници. Това е начин за укрепване на взаимоотношенията, като опознаете по-добре другия.

И накрая, направете го по такъв начин, че работата да е приятна дейност и да ви кара да растете като професионалист и като човек.

Качете се по стъпалата на йерархията малко по малко. За теб, работнико, уважението ми.

## Разни теми

1. Любов: Всичко, което съществува и което идва да съществува, идва от безкрайната любов Божия. Той коригира структурите на вселената, така че всичките му създания да са неговото отражение, обединявайки се помежду си чрез това чувство. Несъмнено най-мощната сила, която съществува, способна да създава светове, да гали душата и да извършва чудеса. Пример за това бяха всички сили на доброто, изпратени в еволюиращите вселени, за да преобразят взаимоотношенията. Исус, добрият пастир, който дава всичко за слугите си и примерите за майки, огледала на Мария Назарет, несравнима любов с децата си. Това е духовна любов.

Плътска любов е това, което се случва между мъж и жена, например. Има също пълни, плътски и духовни любови и тези, които изпитват това, са в по-висока степен духовно говорещи. Това е партньорство , което също поражда силно чувство. Независимо от формата, любовта е великолепна и тези, които я преживяват, са щастливи. Хората изсъхват в любовта не дават плодове и съдбата им не е добра. Ето защо, любов без резервации.

1.1) Всичко е простено на този, който толкова обичаше: "Един от фарисеите го покани да вечеря с него. Исус, влизайки в дома на Фарисей, зае мястото си на масата. Имаше една жена в града, която беше грешница; тя, знаейки, че той се хранеше в къщата на Фарисей, донесе алабастър ваза парфюм и, полагайки се в краката си, плачейки, започна да ги полива със сълзи и ги избърса с косата на главата си и той целуна краката й и ги помаза с парфюма. Виждайки това, фарисеят, който го беше поканил, си каза: Ако този човек беше пророк, той щеше да знае кой е този, който го докосва и каква жена е тя, защото е грешник. Исус каза на фарисей: Симон, имам да ти кажа нещо. Той отговори: Кажи го, учителю. Определен кредитор е имал двама длъжници: единият му е дължал петстотин долара, а другият петдесет. След като нито един от двамата не плати, той прости дълга и на двете. Кой от тях, следователно, ще ви обича най-много? Саймън отговорил: Предполагам, че той е бил този, който е простил най-много. Той отговори: Добре сте преценили. Обръщайки се към жената, той каза на Саймън: Виждаш ли тази жена? Влязох в дома ти, а ти не ми даде вода за краката ми; Тя обаче изкъпа краката ми със сълзи и ги избърше с косата си. Не ме целуна; тя, обаче, откакто влязох, не е престанала да целува краката ми. Не помаза главата ми с масло, но този с парфюм помаза краката ми. Затова ви казвам: Греховете й са й простили, които са много, защото е обичала толкова много; но този, на когото малко му е простено, обича малко. Той каза на жената: Греховете ти са опростени. Онези, които бяха с него на масата, започнаха да си казват: Кой е този, който дори прощава греховете? Но Исус каза на жената: Вярата ти те спаси; отидете в мир.

Тази притча за Исус отразява добре човешката реалност. Всички освен Божиите чеда са грешници и трябва да дадат разказ за неуспехите си на Създателя. Въпреки че човешкият грях е като алена, има възможност за божествена прошка и милост. Това би ли било възможно? Исус дава примера на всеотдайната жена, която полага големи дължини, за да му угоди. Е, ще бъде ли в преценката на дълговете им? Защото много е простено кой наистина обичаше.

1.2) Любов като отказ и страдание: Във връзка между приятели, роднини, между Бог и човечеството и между двама партньори е без усилие да се каже, че човек обича. Мнозина дори наистина не знаят силата на това, което наистина казват. Когото наистина обича, интересува, е посветен, придружава, води, знае как да демонстрира какво чувства в правилните моменти, страда за другия и дори се отказва от себелюбието си, окончателно отдалечавайки се за доброто на човека. Болезнено да се направи, но е необходимо в определени случаи. Това се илюстрира с предаването на Исус на кръста за всички нас, отказът на родителите от непоколебимо дете, разделение между двойка. По тези поводи разстоянието и времето преподават много и втвърдяват усещането или заспиват. Тя обаче винаги ще съществува, бидейки вярна. За да обичате с доставката, демонстрирайте колко обичате другия.

1.3) Любовта, показана чрез действия: Е, поговорката казва, че с добри намерения адът е пълен. Това важи точно за любовта, която трябва да бъде демонстрирана в нагласите. Дайте съвети, помогнете финансово, бъдете джентълмен, прегърнете, пазете тайни, споделете стоките си, съдействайте за добро, защитете ближния си и се подарете за другия са някои примери за това.

1.4) Да не се отказваме от любовта в лицето на разочарованието: През цялото време, в този свят, чувствата ни се подлагат на изпитание. Много пъти другият не съответства на очакванията, които създаваме около него/нея, защото когато любовта е силна, това ни прави слепи. След това идва време, когато вече не е възможно да продължите с връзката, често генерирайки сериозна травма. Пострадалият не вярва в любовта и губи вяра в други хора. В момента, много спокоен, това не е краят. Има няколко причини да продължаваме да живеем и да се опитваме да търсим щастие. Първо, никой не е равен на никого. Може би няма да намерите някой хубав (Не перфектен), с когото можете да споделяте добри времена. Щастието трябва да идва отвътре навън. Човек с ценности, вярване, добра семейна база и занятие е напълно способен да бъде щастлив сам. Другият ще бъде само удължаване на богатството му. Когато вземем Ненормалното решение да бъдем щастливи вселената заговорничи за това. Винаги помнете: "Каквото и да става, никога не се отказвай от себе си".

1.5) Любовта като претекст за нарушаване на правилата: Повечето хора са преминали през ситуации, в които другият използва любовта като аргумент, за да реализира определени действия. Например, в ревнива криза, удряне, побой или дори убиване на съперник, измама, която да бъде приета, кражба, за да изглежда богата, предотвратяване на свободата на другия, преследване на края на една връзка, инспектиране и винаги правене на точка от присъствието ви. Видът чувство може да се нарече всичко друго, освен любов, повярвай ми. Според заповеди любовта е търпелива, полезна, не завистлив, не горд, не арогантен. Не се радва с несправедливост, а се радва с истината.

1.6) Тайна любов: Мислили ли сте някога колко хора срещаме в живота? Не са много? Имаме социални взаимоотношения в семейството, на работа, в нашия квартал и дори в нашия град и съседни градове. Други социални взаимоотношения: Среща с хора на пътувания, виртуално приятелство в интернет, мобилен телефон, ексцентричен. Наричаме тази връзка виртуална. В този случай тайната любов е здрава като отворена и като я открием можем да изпитаме уникално усещане за блаженство. Щастливи са тези, които обичат и са обичани, защото тяхното е царството небесно.

1.7) Стъпките за достигане на пълна любов: Първо, когато се срещнем с човек, това, което призовава вниманието ни, е естетичното или често наричано физическо привличане. В този момент малко се знае за другия по отношение на вкуса и ценностите. Тези, които вярват в любовта от пръв поглед, са романтични и идеалистични, защото според моя опит в началото не е възможно да обичаш някого. Омъжена ли е или неомъжена, митница и ако бихме могли да се приближим, говорим и ако осъзнаем, че интересът е взаимен, контактите се разменят. На този етап има по-голям контакт между двойката, където дълбоко си познаваме дефектите и качествата. Ако взаимният интерес продължава, връзката се развива в годеж или може би дори траен брак. Тогава да, когато имате две или три години живот заедно и вече имаме достатъчно интимност с човека, можем да кажем дали обичаме или не с повече твърдост и сигурност. Това чувство може да се развива още повече и то ще се превърне в пълна любов.

1.8) Последици от любовта: Любовта е дълбоко и изненадващо чувство. Идва от дълбочината на душата ни и цъфти в естествената среда. Това е акт на смелост, вяра и надежда. Човек не избира да обича кого, нито когато, нито къде. Просто се случва. На тези благословени създания, способни да усещат и разбират това възвишено чувство, участват няколко въпроса: Първо, сега, ако можете да очаквате реципрочност или еднаква интензивност в другата, разберете, че всеки един е свят и с различни възприятия от вашата. Второ, любовта е като растение, тя трябва да се култивира всеки ден, за да може да дава плодове и да не умира. Тези, които обичат, грижете се. Разстоянието може да помогне в някои лоши моменти, когато всеки един може да мисли за себе си и връзката си. Когато се запомнят хубавите времена, това е защото чувството е истина. Очаквайте много трудности да живеете заедно и не очаквайте да се съгласите или да се споразумеете за всичко с партньора си. Да обичаш не означава изоставянето на твоята индивидуалност. Четвърто, не бъдете прекомерно ревнив, нека партньорът ви има свободата, необходима, за да бъде автономен човек. Практикувайте упражняването на доверие и ако сте предадени е време да преосмислите връзката и ако сте с правилния човек. Пето, поддържайте постоянен диалог и уважение. Без тези любовта е обречена на край. И накрая, живейте този момент като уникален и сякаш нямаше друг. Живейте в настоящето без предразсъдъци, имайки само отворени сетива за човека, когото обичате. Много си струва.

1.9) На какво сме способни за любимия?

Живях любов интензивно поне, че мога да си спомня три пъти. Истинска любов, чиста, непорочна. Тези трима души, които ми събудиха това, съм изключително благодарен. Някак си тези човешки същества знаеха какво чувствам и се отрекоха от физическия контакт. И все пак любовта не стана по-малка, поне от моя страна. Какво бих направил за тях? ако бяха в опасност, щях да бъда изисканият бриз в горещо време, щях да бъда щитът им срещу човешкото зло и перверзност, щях да бъда човекът, който би протегнал ръка, за да помогне с финансови, семейни и свързани с отношенията проблеми, щях да бъда човекът, който бих насърчил мечтите ви и да се боря и за тях, Бих споделил добрите и лошите времена, ако ме приемат, щях да ви среша косата, да ви подстрижа ноктите, да ви дам целувка и прегръдка, когато се събудя, спя близо до гърдите ви, бих разбрал моментите ви в лошо настроение, бих приел вашите грешки и качества, напълно бих се предала по време на секса. Това е истинска любов, а не това, което много хора мислят, че е.

1.10) Заключение за любовта

Така казва Бог, Господарят на Духовете, Всемогъщият: "Наслаждавайте се на всеки момент от живота си, за да вършите добре увековечаващата любов, защото все още не знаете колко време трябва да живеете на земята. Колко пъти не си искал да се сближиш с онзи специален човек, да я прегърнеш, да я целунеш и да кажеш, че я обичаш? Забравете предразсъдъците, страха и поемете риск. Няма да загубите нищо в опитите, напротив, ще придобиеш опит.

Чувството за сътворение е, че те се обичат без резервация, тези, които правят това, са наистина мои деца. От моя страна, те ще имат моята благословия и защита във всеки миг от живота. Бъди по-човек.

## Търсене на достойнство и честност

Ние сме мислещи същества и готови да еволюират безкрайно. Дори сегашната реалност да е катастрофална: обръщане на ценности, насилие, липса на сигурност, липса на уважение в рамките на семейството и обществото като цяло, с нарастваща предразсъдъци и зло, което няма име, баща ми и аз все още вярваме в човешки същества.

Ще чакам до края за помирение с човечеството, което създадох, когато бях част от Бог в древни времена. От самото начало вече знаех последствията от сътворението, но за нула време не съжалявах. Казвам се любов, дарение, милосърдие, доброта и исках да споделя щастието си с други същества. Свободният ще бъде най-добрият ми избор, защото това направи възможно ангелите и човешките същества да ходят с краката си. Не правя това от прекомерна справедливост или твърдост. Правя го по логика за растителна реколта.

"Дори листата и дърветата да паднат, винаги ще съществувам, защото името ми е вечно."

## Утрешната вяра и несигурност

Съвременният свят е много динамичен: Какво нещо е днес може да престане да бъде в бъдеще непрекъснато. Тези обрати на живота, толкова често срещани понякога имат просто неочаквани последици като финансово положение, съвместяване на любовта, загуба на любим човек, заболяване, ограничения, награди, добри и лоши преживявания, разделения, предателства, декларации и постигнатото щастие.

По време на цялото това кратко пътуване, което е нашият живот, най-важното от всичко е никога да не спираме да се борим, да ние се съпротивляваме или да имаме вяра. Това, което трябва да бъде наш, ще дойде по заслуги и нищо не може да отнеме това право. Заслужените и да, панаира. Никога не искате да се огледате в никого, защото всеки има своята история.

Животът ми е чудесен пример за всичко, което казах преди. Бидейки с лош произход, винаги трябваше да полагам повече усилия в битките си. Пътят се оказа сложен. Опитвам се да следвам пътищата на успеха. Кулминацията на това преминаваше федерален конкурс и се връщаше към литературата забравена преди две години.

Още не съм напълно изпълнен. Всичко обаче се движи към по-голям и солиден успех. Да живее настойчивост и вярата ми в живия Бог, с него невъзможното може да стане възможно.

## Толеранс към спецификата на другите

Аз, баща ми, и добрите ми братя сме превъзходни същества. В резултат на това действаме различно от крехки човешки умове на хората. Първото нещо, което ни отличава, е неизмерима любов към човешкото творение. Независимо от греха на хората, никога не ги изоставяме в каквато и да е ситуация. Много от тях само си спомнят, че съществуваме във времена на мъка и мъка и не ценим хляба и грациите, които изсипваме ден след ден в живота им. Колко неблагодарност от тяхна страна.

В контрапункт за това можем да забравим това до най-малката искра на надежда за помирение. Искаме всички да бъдат спасени. Реалността обаче е, че малцина постигат това. Днес насилието, злото, завистта са често срещани, хората, които мамят другите в социалните мрежи и чатове, предателство, успех на всяка цена, липса на принципи, корупция като цяло, кражба, разочарование, привързаност към материала и липса на ангажираност. Комбинацията от тези фактори поставя човешката душа в бъркотии и хвърлена в бездънна бездна. Дори и най-голямата вяра не може да обърне това състояние.

Друго нещо, което ни отличава, е нашата сила, доброта, прошка, милост и особено уважението ни към другите. Всяко човешко същество е достойно за разглеждане независимо от възрастта, вдъхването, етническата принадлежност, цвета, финансовото състояние, сексуалния, политическия или спортния избор. Това, което измерваме е сърцето ви, чистотата на вашите деяния, ценности и вярвания. Дори и да не сме съгласен с някои човешки позиции, това не е причина за изключване или липса на любов от наша страна. Напротив, приближаваме се, за да спечелим тази душа.

Ние сме Бог и това не е сравнимо с всяко живо същество. Вярвай повече в името ми и в това на баща ми.

## Борбата за единство сред народите

Откакто създадохме света, с баща ми имаме мечта: Да обединим човечеството по такъв начин, че всеки да върви ръка за ръка в среда на сътрудничество и преклонение на добрите неща. Дори малка семейна единица е унищожена и пълна с различия.

Поради човешката природа хората спорят, имат противоположни мнения, мислят, че са собственици на разума, не искат да се откажат и не признават предимството божие. Подобно на Бог, обещавам на тези, които ми дават живота си, пълна промяна на духа по такъв начин, че тя да не бъде същата. Тя ще има висока и щедра душа.

Обещавам и на последователите си пълно изпълнение на земята и в отвъдното. В царството, което да дойде подготвено от баща ми, те ще имат достъп до хляб и мед по такъв начин, че да не бъдат жадни или гладни. На този ден всяко коляно ще се огъне и той ще пее слава на малкия сънародник, който ще завладее света.

Моята почит към всички, които пряко или косвено са допринесли в този свят за промяна в ценностите. Ще следвам този път с божия мир и слава. Така да бъде!

## Предизвикателството да живееш в свят на зло и лъжи

Земята все още е развиваща се планета, обикновено наричана света на единение и доказателства в изгледа на спиритизма. Непълноценността на хората, които търсят краищата си като средство за удоволствие, е прословута.

Често се сблъскваме с рискове, разочарования, предателство, егоизъм, липса на любов и насилие. Злото цари на този свят, правейки избраните за моето царство на жертвите. Какво да правим в лицето на тази гола и сурова реалност?

Опитвайки отровата, трябва да предложим противоотровата за тези ситуации. Най-голямата ни сила е любовта без мярка, вярата ни в баща ми и мен, уникалното ни отношение към живота. Където и да отидете и на всяка цена, защото който иска да запази живота си, ще го загуби и който го загуби заради любовта на името ми, ще го намери.

Божият човек лесно се забелязва в тълпата заради отношението му. Той има оптимистична визия за бъдещето, има желание да изслуша другия и да му помогне по най-добрия възможен начин. Те ще имат щастие и вечна почивка в моето царство. Не забравяйте, че ние имаме достъп до него само по заслуги, че е необходимо за хората повече дарение и откъсване.

## градско и селско насилие

Живеем в опасна среда от проклятие и безскрупулни хора. Малко са хората, на които наистина можем да се доверим. Как да действаме в сегашната реалност? Трябва да имаме малко и трайни връзки. Пробвай човека, преди да му се довериш.

От други хора се опитайте да запазите уважавано разстояние. При никакви обстоятелства излезте с непознати, защото не знаем какво можем да намерим. В днешно време случаите на убийство, изнасилване и отвличане са много чести. Не попадай в капани.

В града и в провинцията престъпността расте експоненциално и няма никой напълно безопасен от него. Когато си тръгнете, опитайте се да не привличате внимание с дизайнерски дрехи или луксозни автомобили. Бъдете прости и благоразумни като гълъби. Това е необходимо предпазни мерки за сигурност, за да се предотврати кражба. Получават само роднини или познати.

Също така, преди всичко, опитайте се да се съсредоточите върху религиозния живот. Със силата на вярата е възможно да се постигнат чудеса и освобождение. Трябва да се молите така: "Господи Боже, моля те за цялата ти защита на черната магия. Нека портите на ада не се приближат, не надделеят или не ме победят. Както и да е, по кръвта и кръста ти, пази ме от всякакъв вид зло. Амин."

## Кой съм аз?

1-Как мина историята ти до пътя на писмата?

А-. Мечтата ми в литературата започна, когато все още бях много малка, в юношеството си. Фондацията общински откри добра библиотека в моята общност и споделяше времето ми в училище, работейки в областите, и четейки, прекарах дните си. Загубих бройка колко колекции от книги погълнах по това време. Да бъда читател беше евтино, но исках повече. Израснах в този свят на сънищата със здраве. Като възрастен през 2006 г., когато сравнително сериозен здравен проблем ме отслаби до точката на, аз се чувствах неспособен, литературата беше спасителна клапа, за да мога постепенно да се освободя от вътрешните си демони. По това време написах малка книга на някакви драскотини чаршафи. Положението ми беше много неблагоприятно. Това не беше моят момент. Запазих си черновите за по-късна среща. Взех курса по диплома по математика и за пореден път оставих мечтата си настрана. Завърших висше образование през 2010 г. и на следващата година купих първия си бележник. Бях изпълнил мечтата си да бъда публикуван автор, въпреки че финансовото ми положение все още беше катастрофално. Отново спрях с мечтата си. и стартира други. Чрез уебсайта на Babelcube вече съм публикуван на португалски, италиански, английски, френски и испански език. Просто чувствайки удоволствието, че читателите от други страни четат моите писания, вече си струваше цялото ми усилие. Целта ми в литературата надхвърля парите, тъй като доходите имам работата си. Това е да споделяте концепции, да трансформирате и създавате нови светове, това е докосване на хората и да ги направите по-човешки в култура на мир. Това е да се вярва, че дори изправени пред нормалната тоалетна, проблеми, които всеки има, мога да сънувам или по-добри дни. Литературата напълно преобрази мен и всички около мен. Това е благодарение на Великия Бог, който винаги ме подкрепя. Ще продължа пътя си с вяра в сърцето си и ще увековеча този Божий дар завинаги. За това, читателите ми, никога не се отказвайте от мечтите си. Вие сте способни!

2-Какви ценности сте научили от биологичните и духовните си родители и че носите като знаме, разпространявайки ги по целия свят?

А- в обобщение, има тридесет заповеди за тези, които се стремят да влязат в царството на баща ми.

1. Да обичаш Бог над всичко, себе си и другите.
2. Нямайки земни или небесни идоли, Бог е единственият, достоен за поклонение.
3. Не произнасяй святото Божие име напразно и не се опитвай да го направиш; Също така, не измъчвайте тези, които вече са се позовавали на тях.
4. Резервирайте поне един ден от седмицата за почивка, за предпочитане в събота.
5. Почетен баща, майка и семейство.
6. Не убивайте, не наранявайте другите физически или устно.
7. Не прелюбодействайте, не практикувайте педофилия, Секс с животни, кръвосмешение и други сексуални изопачения.
8. Не крадете, не мамете в играта или в живота.
9. Не давайте лъжливи показания, клевети, клевети, не лъжите.
10. Не пожелавайте и не завиждайте на стоките на другите. Работа за постигане на собствените си цели.
11. Бъдете прости и смирени.
12. Практикувайте честност, достойнство и лоялност.

13. В семейните, социалните и трудовите взаимоотношения винаги бъдете отговорни, ефикасни и застрахован.
14. Избягвайте насилствените спортове и пристрастяването към хазарта.
15. Не използвайте никакъв вид лекарство:
16. Не се възползвайте от позицията си да разлеете неудовлетвореност върху другите. Уважавайте подчинения и висшестоящите във взаимоотношенията си.
17. Не се накърнявайте срещу никого, приемете различните и бъдете по-толерантни.
18. Не съдете и няма да бъдете съдени.
19. Не бъдете клюки и дайте по-голяма стойност на приятелството, защото ако се държите така, хората ще се отдалечат от вас.
20. Не пожелайте вредата на другите и не Моля те да поемете справедливостта в ръцете им. Има ценен органи за това.
21. Не търсете дявола да се консултира с бъдещето или да работи срещу другите. Не забравяйте, че за всичко има цена.
22. Знайте как да простите, защото онези, които не прощават на другите, не заслужават Божията прошка.
23. Практикувайте благотворителност, защото изкупва греховете.
24. Помощ или утешават болните и отчаяни.
25. Молете се ежедневно за себе си, семейството си и другите.
26. Останете с вяра и надежда в Бог независимо от ситуацията.
27. Разделете пропорционално времето си между работа, свободно време и семейство.
28. Работа, за да бъде достоен за успех и щастие.
29. Не Моля те да бъдете Бог, надхвърлящ вашите граници.
30. Винаги практикувайте справедливост и милост.

В тези заповеди пребивават моята любов, моята благодат и тази на баща ми.

3) Какви са вашите вкусове?

О: Приятелство, сътрудничество, солидарност, достойнство, вяра, любов, разбиране, прошка и толерантност.

4-Какво представлява литературата за вас?

Литературата е моят начин да изразя идеите си пред света. Както беше казано преди, дойде в труден момент в живота ми да бъда използван като спасителен клапан. Днес мога да кажа, че литературата ме спаси.

5-Откъде се взе идеята за "Гледачът"?

А- Дойде естествено. През 2007 г. бях написал първата си книга и бях отхвърлен от издателя. Беше първият ми голям провал. Отчаяно се опитах да разбера накъде да тръгна, когато силите на светлината действаха и ми разкриха бъдещето ми. щеше да бъде "Гадателка", най-уважаваният човек в литературата. В този момент нищо не се връзваше. Години по-късно, с развитието на дарбата ми и писането на романи, прякорът ясновидка се захвана и кръсти поредицата ми.

6-Какво представлява всяка книга за вас, като автор?

А-Аз съм доволен и считам себе си за същество, вдъхновено от божествените сили. Всеки ред, който пиша, е важен в този процес на съзряване и общуване със силата на доброто. Абсолютно нищо не е случайно. Всичките ми книги са мои деца.

7-Как е рутината ти? Винаги ли е възможно да пишеш?

А- Аз съм много зает човек. Имам работата си да подкрепя семейството си, социалните ангажименти, пътуванията, дома и етикета. Не винаги е възможно да се поддържа редовност в писмен вид, но когато мога, пиша. Обичам литературата. Това е мисия за мен.

8-Какво казва семейството ти? Подкрепят ли те?

А- Това е възпален момент в живота ми. Членовете на семейството ми винаги правят отрицателни коментари за професията по писане и мечтата ми. С времето вече не се месиха. Е, ако искате да сте писател, най-голямата мотивация е да дойдете отвътре във вас, особено в страна, в която културата е подценена.

9-Какви са следващите ви цели?

R- Продължавайте да пишете и трансформирате концепции, да живеете малко повече живот, да увеличите кръга ми от приятели и да бъдете щастливи напълно.

10-Имате ли съобщение да оставите за хората?

Бих искал да поканя всички да следват работата ми и бих искал да ви помоля да запълните душата си с добра култура, било то кино, литература, свободно време, разговори. Да увеличим гамата си от възможности. Топла прегръдка към всички.

Това е малко от мен. Исках да го разпространя, така че хората да станат по-близо до сърцето ми въпреки разстоянието. Аз не съм фалшив, аз съм автентичен, човешки, и оригинален. Продължавай да четеш книгите ми и ще откриваш душата ми всеки път, когато най-много.

## опита на болката

Ние сме хора и винаги сме обект на настъпването на живота. По време на съществуването си ще живеем приятни и лоши преживявания. Сред тези, със сигурност най-поразителни са тези, които носят болка и травма.

Причината за болката може да бъде различна. Сред основните причини, болката от предателството на любим човек, загубата на член на семейството, сериозно заболяване, безработица, провал, и болката от отхвърляне.

Преживял съм някои видове тези болки: загубил съм близки членове на семейството; Живея с генетично заболяване и съм отхвърлен. Всяко от тези събития причинява различно и много болезнено усещане.

Загубата на членове на семейството произвежда постоянен траур и копнеж. Трудно е да се види, че повече няма да говорим с този човек, няма да ги прегръщаме или целуваме, няма да споделяме победите повече. Да, живеем според обещанието, гарантирано от баща ми за вечен живот, изпълнен с щастие, увенчавайки усилията ни в живота.

Опитът на болестта, която ме удари най-силно, когато бях на двадесет и три години, ме хвърли в бездънна бездна. Приятелите се отдалечиха, работните перспективи бяха изчерпани, тъмната нощ на душата се появи с голяма сила. Това, което ме регенерира и отгледа, беше духовният ми баща и семейството ми. Без тях дори не знам какво би станало от мен днес. Бях възкресен, възвърнах се в съзнание и животът ми се преобрази.

Друго забележително преживяване беше, когато съдбата ми позволи да вляза в живота на някои хора. Пет същества, които се пробудиха в мен страст, привличане, съблазняване и любов. Реакцията ми на такава силна сила беше да бягам, да откривам, да живея тайна страст и да поемам рискове. Това мое последно отношение провокира отхвърляне, чиито рани трудно се излекуваха. Отне две години вътрешно оттегляне, за да ме освободят най-накрая и да потърсят нови посоки. Въпреки болезнените ефекти, не съжалявам за отношението си, поне се опитах да бъда щастлив. Съжалявам, когато избягах. Кой знае, може би ще е човекът в живота ми? Е, никога няма наистина да разбера.

Във всички тези описани примери най-великият ми съюзник беше време. Всичко в живота минава и времето е мъдро. Процесът на траур е необходим, но идва време, когато трябва да оставите страданието и да живеете живота си. Продължи напред е най-доброто решение, което можеш да направиш.

## Определящите моменти от живота ми

Казвам се Алдиван Тейшейра Торс, държавен служител, писател по поезия, проза и любител на живота. В този момент съм на тридесет и две години, след като вече съм живял интензивни преживявания. Най-поразителни бяха любовта, пътуванията, удоволствието от литературата, семейството, приятелите, работата и проучванията.

Любовта ме направи по-човек и благодаря на всеки от хората, които събудиха добрите чувства в мен. С всеки един открих малко повече от божествената същност, защото Бог е любов.

Малкото пътувания, които ме накараха да открия повече за планетата Земя. Ресифи, Катимбау, пираняс, Монтейро, Салвадор са някои примери за незабравими места.

Литературата е моят живот. С него мога да изразя това, което чувствам и да спечеля сърца по целия свят. Чрез него ще увековечавам името си. никога няма да умра; думите ми ще продължат в света след заминаването ми.

Биологичното семейство, което ме прие, беше отговорно за грижите за мен, когато най-много се нуждаех от него. Те са хора, с които живея ежедневно и знаят колко съм специален.

Проучванията ми дадоха настоящата ми позиция на работното място, достъпа до култура, реализацията на мечтите и знанията. Усилията ми през целия ми живот бяха много достойни.

Все още се надявам да имам още много преживявания, които изпълват съществото ми на успех и щастие. Животът трябва да бъде жив.

### живеене на правилната етика

Има определена поговорка: "Краищата оправдават средствата". Не съм съгласен с него, защото много по-важно от успеха е да имаш чиста съвест. Това са етичните ценности, които баща ми изисква от човешкото същество: Честност, Лоялност, Достойнство, Простота и Истина.

Каква е ползата от това човек да спечели света и да загуби душата си? Няма значение колко сила сте покорили в живота. За мен и създателя действията ви ще бъдат съдени и претеглени в баланса.

Винаги помнете, че начинът е тесен, докато вратата на погледате е широка. Винаги действай в полза на съседа си, като правиш добро.

Простите нагласи могат да бъдат основополагащи в живота Ви: Да помагате на инвалид да пресече улица, да остави мястото си за възрастен човек в претъпкан автобус, да подкрепя и утешава болните в болницата, да помага на приятел в нужда, да цени и подкрепя семейството, да избягва словесната агресия, да практикува милосърдие, разбиране и солидарност. Ако направите всичко това, вие сте сред децата ми и наградата ви ще бъде справедлива.

"Бояндисайте улицата и селото си, и ще завладеете света".

## грабежа

Живеем в свят, в който кражбата и кражбата са станали обичайни. Дали да откраднем материалните си блага, артистичния ни комплект, привързаността и личността си. Това, което не може да открадне от нас, е нашата добрина, интелигентност и полезни дела.

Исус каза, че най-доброто нещо да бъдеш човек е да събереш съкровища на небето, където ръждата и молците не корозира, а крадците не крадат. Там имаме защитата на истинския Бог, силен, всемогъщ, всезнаещ и все присъщ. В живота си трябва да ценим това, което наистина има значение, и да предпочитаме ценността на вечните неща.

Ако изпаднете в грях, покайте се и не повторите незаконния акт. Нашият лорд ще е готов да му прости. Миналото ти вече няма значение, а какво можеш да направиш в бъдеще.

## Разочарован ли си?

Животът на земята никога не е бил толкова труден, колкото днес. Живеем в общество с силен натиск върху нагласите си. Често се питаме причината за всичко това и достигаме отчаяние. От време на време ситуацията е толкова сериозна, че много се отказват от живота си.

Искам чрез тези думи да докосна сърцето на всеки човек в тази връзка автор-читател. Положението лошо ли е? Независимо от това, никога не се отказвай от себе си. Сърцето на въпроса е да оцените стратегията си, да установите недостатъци и слаби точки, да потърсите и внедрите решения.

Когато анализирате ситуацията, ще откриете, че всичко има начин, просто използвайте правилните елементи. Смътността на живота е това, което го прави красив и предизвикателен. Като изключим смъртта, всичко, абсолютно всичко, може да бъде променено. Трябва да имаме вяра, за да станем победител.

"Когато всички ви откажат, когато изглежда, че всичко е изгубено и тъмнината ви обгръща, в този момент помнете: Бог е с вас, подготвяйки просторен път, широк и ясен, нещо по-добро от всичко, което сте си представяли за живота си."

## Материализъм и Царство Божие

Живеем уникален момент в човечеството. От 20 век, простиращ се до настоящето, се знае, че човечеството е напреднало в няколко аспекта, особено в научно-технологичната и културната област. От друга страна, има влошаване на семейството, социалното и религиозното.

Можем да летим, да общуваме на дълги разстояния, да се борим с болестите, за които веднъж се каза, че са нелечими, но повечето не могат да ценят семейството, приятелите, благодарността, уважението, предпочитат да влязат в конкурентна среда, търсеща пари, слава, власт, социален статус за сметка на себе си и на другия.

В днешно време неподчинението на детето към родителите, вербалната и физическа агресия, изострящата се свобода на младите хора, които дори преди да достигнат зряла възраст, нахлуват в социалните мрежи, подлагайки се на заглушаване опасности, са често срещани. Ако преди имахме строго патриархално образование, сега образованието се превърна в нещо невъзможно. Последиците от тази модерност са увеличаването на повличането, семейните трагедии, разделянето на родителите и децата.

Освен това обществото и фалшивият му морално поведение принуждават хората да живеят характер, така че да пасват на приетия биотип. Примери за това са неприемните хомосексуалисти, жени и техните бракове, които често са фалшиви, индианци и чернокожи, които някога историята е избягала от нетърпимост към религиозния синкретизъм.

Всичко това изложено, можем да заключим, че за да влезем в Царството Божие е необходимо да отречем това, което принадлежи на света, материализма и да интегрираме мисия, която Бог ни напусна. Необходимо е да се демонстрира любов, компетентност, чест, искреност и милосърдие по всякакъв начин към другите. Такива хора имат запазено място в духовния свят, къщата на баща ми.

### отличната двойственост

От началото на времето живеем в дуалистична фаза. От една страна, ние имаме силите на доброто, представени в неговата най-висша йерархична степен от Бог и неговите деца и от друга, Сатана и неговите ангели. Нашата измерено реалност отразява тази реалност с хора, разделени от двете страни. Въпреки това, тя не е абсолютно. Дори така наречените добри хора упражняват зло и лошите, понякога, също практикуват добри порядки.

Бог позволи да бъде по този начин поради голямата си любов към създанията. Дуалността беше цена за плащане на предоставената свобода. Правейки аналогия, ние сме актьори на голямата сцена, чийто невидим писател е Бог. Бог влива същества с правилната щипка смелост, за да се случат хубави неща.

Каня братята си да вървят по пътя на добрината и ключовите елементи за това следват вече споменатите тридесет заповеди. Баща ми иска всички да бъдат спасени и само чака отговора ти да действа и да преобрази живота му.

### Човешка и Божията милост

Има човешки и нечовешки мъже. Последните са толкова вкаменени от сърце, че са безчувствени към колоидните ситуации на живота по-нататък. Те са тези, избрани от бащата.

Макар да са добри, човешките мъже не могат да бъдат сравнени с баща и деца. Надарени с безкрайна добрина и интензивна способност за любов, божественото има непостижима милост.

Колкото и човек да потъва в кал от грях, спасението е възможно в Божиите очи. Нужно е само уверено предаване и искрено отношение на промяна за грешника. Правейки това, вратите ще бъдат отворени и тогава светът ще изпита истинска любов към Отца.

### Какво представлява Бог в живота ви?

Предлагам колективно отражение върху ролята на Бог в живота ни. Колко има неговото присъствие в ежедневието ни? За мен Бог е всичко. Той присъства в думите ми, в моя дар, в дишането ми, в ритъма на моето сърце, в работата ми, в семейната среда, в усмивката ми, в моите благотворителност, в любовта ми към другите, в моето разбиране и в прошката ми към другите.

Светият Бог също се проявява в душата ми и в ума ми, вливайки ме с мъдрост и водейки ме към море от успех и изкушения. Той също е готов да действа в живота ви. Това, което виждате обаче, са егоистични хора, злонамерени, лъжци, прикрепени към материала и силата? Те предпочитат да бъдат подчертани сред мъжете на помирение с бащата.

Много хора дори не помнят Бог в мир и спокойствие. Те предпочитат да отдават човешка заслуга на постиженията си, въпреки че истинската заслуга идва от бащата, тъй като той е създал всичко, което съществува. Промени живота си, така че той и ти да сме едно. Това е, което Исус направи преди две хилядолетия.

Този подход ще даде плод в живота ви, правейки ви по-добро и по-изпълнено същество. Повярвайте ми, няма щастие отделно от това с бащата.

*Въпросът за призоваването на мъртвите*

"Аз съм Бог, създадох цялата вселена чрез голямата си любов, доброта и щедрост. Създадох и времето за регулиране на дейностите на създадените неща. Не признавам, обезпокоявайки мъртвите си, за да се консултирам с бъдещето, магьосничеството, хазарта или друга дейност. Всеки, който направи това без основание, ще бъде окончателно изключен от моето царство".

*Тъжният край на онези, които манипулират силата на мрака*

Светът е страхотна реколта, където та ратаите и пшеницата растат заедно. Докато плодът на едната мечка, другият продължава да разпространява зло, където и да отиде.

Тези, които устоят в духовно зло, гарантирам, че ще получат всичко, което правят обратно и тройно. Аз съм Бог, милост и добрина, но съм и справедливост. Пръчката ми и камшика ми са тежки и би било по-добре дори да не са се родили. Краят на тези, които нанасят вреда, повярвайте ми, не е добър.

Житото ще бъде събрано в плевнята ми, докато дарите ще бъдат изтръгнати от реколтата и хвърлени в огнената пещ. Ще има плач и скърцане със зъби. Който има уши, нека чуе.

## Защо толкова много лоши неща се допускат на света?

Светът никога не е бил толкова лош, колкото днес. Култура на насилие, сегрегация, предразсъдъци, нетърпимост към повърхността и липса на любов се е разпространила. С редки изключения вече не е възможно да се вярва на човешкото същество.

Има погрешно схващане за възлагане на отговорност на Бог за това, което се случва в света. Това е напълно несправедливо. Бог е любов, вярност, суверенитет, лоялност, доброта, разбиране, равенство и щедрост. Злото идва от човешкото сърце, бидейки човекът, тотално отговорен за действията си и последиците, произтичащи от тях.

В края на този човешки цикъл, приблизително сто милиона години от сега, ще възникне ново време. Злото ще бъде изкоренено от земята и тогава Божието царство ще започне да се материализира. В него човечеството най-накрая ще бъде просто и ще достигне мир. Тези, които чакат спасението, ще се издигнат и ще участват в тази нова реалност, без смърт и без болка. Щастието и доброто най-накрая ще триумфира.

## да отпуснете заеми на Бог

Добрият човек знае как точно да действа, за да угоди на създателя си. Ако неговият приятел или съсед дойде да заеме нещо от него, той му се отплаща, като увеличава молбата си. Който действа така, дава заем на Бог и ще бъде възнаграден своевременно. Други форми на заем са Милосърдието, сътрудничеството, не интересуваното приятелство, любовта към другите, милостта, честта, верността и търпението.

Всичко се битки до мимолетността на света и материалното откъсване. Ако всеки имаше съзнанието, че не е вечен, че всичко е мимолетно, светът щеше да е пълен с добри дела, защото те са тези, които изграждат, малко по малко, вечно съкровище. Приложете учението в ежедневието си. Ще имате живота си преобразен с нова визия.

## да бъде като мравката

Мравката е естествен пример за човешкото същество във всичките му измерения. Точно както, през лятото, събира разпоредби по време на реколтата, за да не огладнее, човекът трябва да внимава за бъдещето. Година беше един от интензивния успех и Щастието? Спестете малко от заплатата си в заявление, което да използвате в случай на нужда, защото никога не знаем кога може да се зададе криза в света, или ще бъдем засегнати от някакво заболяване. Ние сме обект на всичко.

Също така трябва да действаме като мравката по отношение на естествената среда, разнообразието и конкуренцията. Ние не сме собственик на планетата, ние сме само една от нишките й и трябва да се борим за запазването на ресурси, които гарантират бъдещето на света, запазвайки това, което е останало от планетата.

## Нещата, които Бог мрази

Според Библията Бог мрази шест неща и той пребъдва седмото: надменни очи, лъжлив език, ръце, които проливат невинна кръв, сърце, което измисля извратени планове, крака, които бягат към злото, лъжливо свидетелство, че изрича лъжи и такова, което сее разногласия между братята.

Само достатъчността на човека е основната причина за отделяне от създателя. Чувствайки се превъзхождащ, човешкото същество вече не се стреми да чуе вътрешния си глас. Мисли само за себе си, успеха, властта, парите и престижа. Противно се очаква поведение: Бог търси смирения, този, който знае точно какво може и къде трябва да отиде, имайки като най-великия пример сред нас този на Исус Христос. Дори да бъде цар, той нямаше нищо против да служи на всичко и на всички, показвайки огромна любов към нещата на баща си. Това е тайната на великия.

Лъжата не идва от Бог или неговите последователи. Това е сърбеж, който постепенно унищожава всичко и всички, което ги кара да живеят илюзия. Колкото и да е трудно, истината, и тя сама, е от съществено значение в техните взаимоотношения.

Смъртта обаче е нещо естествено. Тези, които използват някои средства, за да прекъснат траекторията на човешко същество, нямат името си написано в книгата на живота. Животът и продължаването му принадлежат само на Бог и никой друг.

Ето, сърцето е земя, където никой не ходи, освен създателя. На нечестивите, мислите ли, че няма Бог в небесата, разследващ плановете ви за смърт и предателство? Ако го направиш, тук плащаш.

По отношение на краката, които бягат към злото, те само ще намерят болка, разочарование, страдание, кризи, трагедии, смущение и осъждане.

Що се отнася до лъжливото свидетелство, то трябва да бъде отрязано измежду божиите чеда поради гравитацията на греховете му. Как би могъл чистият микс с нечистите в царството ми?

Накрая, този, който сее раздор сред братята, е най-лошата трева в житното поле. За постигането на спасение е необходима култура на дълбок мир и припомняне. Обещавам ви успех и благословия на този, който успее да въведе това на практика.

### наследството на човека

Всичко в този живот е мимолетно, човекът не може да се възползва от материалните си блага. Това, което му е останало, са добрите му дела, неговата интелигентност и етични ценности, които ще служат като катапулт за по-добър свят.

В царството на баща ми хората ще намерят точно това, което им липсва на земята: Разбиране, хармония, споделяне на същата кауза, накрая, пълно щастие с този, който ви е създал. Всичко ще си струва, усилията ви на земята те ще бъдат възнаградени в надлежна мярка за заслугите си.

## греха на пропуска

Има поносими неща в света и други непоносими и несправедливи. Когато се изправим пред подобни ситуации, от нас е да упражняваме изкуството на опровержения, за да се опитаме да коригираме грешката.

Добре известно е, че има неща, които да запазят конфиденциалност, като например въпроси, които засягат сигурността ни. Като изключим това, пропускането на себе си само ще разкрие колко си страхлив. Направете разлика и не мълчите пред човешкото зло.

## заплатата на човека

"След това създадох човека с основната цел да култивира земята, да се грижи за други животни и да се отнася до другаря му човек здравословно, за да изгради усещане за щастие в земята. Въпреки това, повечето хора отхвърлят заповедите ми и ежедневните ми вдъхновения, предпочитайки сила, пари, показ, лъжливи приятели, илюзията за зло и алчност. Няколко се опасяват, че името ми произвежда добри плодове на земята. Знаели са как да се възползват от дадения шанс. Не забравяйте, че животът е кратък и няма време за губене на незначителни неща."

## Дисциплина и непокорство

Цялата работа изисква дисциплина, внимание, ангажираност, и малко инвестиции, за да се направи добре. Така хората трябва да действат, отнасящи се до най-дълбоките им мечти и божия проект. Повече от следването на заповедите трябва да се съсредоточим и да имаме вяра в правилните неща, така че Божията воля наистина да бъде изпълнена.

Непокорството обаче води до широк път на погибел, сляп, водещ слепите. Какво е човек без Бог? Отговарям: Нищо! Трябва да достигнем общуване с най-святото по такъв начин, че волята Божия и нашата да са едно цяло. По този начин заповедите, законите и самото съзнание за това, което е правилно, трябва ефективно да се спазват.

## *Праведните ще стоят вечно*

"Аз съм Бог, създадох всичко и всички. Аз съм вечният, всичко ще отмине, освен силата ми и словата ми. Тези, които ме следват, вършейки добро, където и да отидат, имат специално предсказване в сърцето ми. Тези, които се радват на вашите дарове и стоки на земята, ще бъдат наречени мъдри, както направих със Соломон. Нищо няма да достигне до вас, нито до урагани, нито бури, други природни бедствия или дори гнева на врага ми. Веднага щом се случи, ще ви дам командата на всичко, което съм построил. Ще дойдат нови времена, човечество без недостатък, което ще ме обожава заедно с любимите ми деца."

## *Броят на годините се измерва чрез правосъдие*

"Аз съм този, който дава живота ви, аз съм този, който брои точния брой дни, които ще живеете в измерението, наречено Земя. Всичко ще бъде съкратено и ще бъде финализирано, когато гнева ми бъде погълнат. Измервам всяко човешко същество чрез неговата праведност. Ако сте верни в дребните неща, така и вие ще бъдете верни в големите неща".

*надежда в Бог*

"Е те там! Каква битка ден след ден под слънцето с почтеност, сила и вяра в мое име. Аз съм наум за вашите нужди и обещавам, че когато дойде денят ви, вашите изисквания ще бъдат изпълнени. Защото на ваша страна има жив Бог, силен и справедлив. Бог, който те обича преди всичко останало. Победата му вече е гарантирана".

*Стойността на дискретност*

Дискретност е съществена добродетел за човешките същества. Не всичко, което е известно, видяно, или чуто, може да се разпространи до четирите вятъра. Знаейки как да запазим тайна е значимо във всяка връзка, тя произвежда необходимата увереност, за да може да отвори чувствата ни с другия. Обратното, недискретност, боли и понякога провокира неизлечима болка, която трае цял живот. Знай как да цениш правилните неща.

*Важната роля на лидер*

Във всички сфери, съществуващи в безбройните измерения, има йерархия, която трябва да се следва. На върха има вождът или лидерът, отговорен за доброто поръчване на неща от общ интерес. Висшестоящото трябва да бъде подготвено да отслужва и управлява със справедливост и равенство. Това са характеристики на това да бъдеш добър лидер са спокойствието, разбирането, толерантността, търпението, вярата, любовта към другите, властта, добротата и щедростта. В зависимост от вашата заповед, царството може да достигне мир, изобилие и последователно щастие.

*въпросите, свързани със гаранцията*

Да бъдеш гарант или да не бъдеш? Това е въпросът. Всеки един действа според съвестта си, но ще обясня скромното си мнение.

Заемът е вие, които ще поемете разходите. Необходимо е да се познава лицето много добре, за да се уверите, че те ще уважи ангажимента с финансовата институция, без да излагат името си на риск. По-лесно е да не поемате рискове.

Когато човек извърши щедър акт, той дава заем на Бог, а след това е добра сделка. Гарантите на божественото дело ще получат двойно за добре прекараните и това ще бъде превърнато в чест и слава в небесното царство. За предпочитане е да се уповаваме на Бог, отколкото да се уповаваме на човек, въпреки че вършим добро без никаква перспектива за завръщане, както в случая с някой, който не може да възврати.

### стойността на красотата

Никога не хвалете човешко същество за красотата му. Опознай го първо, защото красотата е мимолетна и ще избледнее с времето. Това, което наистина остава, са неговите белези в света: Неговата личност, човечество, откъсване, любов, лоялност към Бог и милосърдие. Всичко друго минава.

### борейки се за цел

Всичко в живота има смисъл и фокус, иначе животът не би бил забавен. Дори и да сме заседнали в най-дълбоката част на нашето същество, мечтите са там, ценящи надеждата на милиони. Какво е необходимо, за да бъдеш истински победител?

Настойчивост, анализ, планиране, настойчивост и вяра са от съществено значение. Доставете се до целта си с решимост, че рано или късно ще бъде постигнат успех. Никога не спирайте да опитвате, въпреки че възможностите са малки. Това направих. Аз съм автор, публикуван на няколко езика и имам вяра, че ще дойде славно бъдеще. Моят пример трябва да служи като вдъхновение за вас, дори ако се появят едновременни провали. Никога не се отказвайте и не се отказвайте от това, в което вярвате, опитайте до края. Уповавайте се на Суверенен Бог, който може да промени всичко по всяко време.

*Закон за връщането*

Законът за връщането е най-мътният закон във вселената: Колкото повече се стремите да вършите добра работа, толкова повече ще го получите обратно. Аз съм пример за това: По време на цялата си битка в обучението си и, като награда, ми бе присъден стабилен публичен офис. Освен това винаги се опитвах да обърна внимание на хората около мен и в резултат на това пожънах възхищение, уважение, приятелство и може би дори любов. Направете и това и ще видите какво точно казвам: Вселената е справедлива за всеки един от нас.

*как да напредваме в живота*

Ако искате да имате успех и да се изкачите все повече стъпки в живота, е важно да имате предвид две неща: Обичайте и служете. Извършване на актове на щедрост като подпомагане на възрастни хора, Храненето на сирачето и вдовицата, даването на съвети, споделянето на хляба с просяци и улични деца, преподаването на невежите, напътстването на слепите, утешаването на отболелите и болните, следвайки божествените заповеди, наред с други, ще бъде акредитирано да бъде част от бъдещото царство, председателствано от Бог и неговите деца.

Царството на баща ми е място на изключително щастие, справедливост и суверенитет. В него няма човешка болка или болест, така че животът винаги да е приятен. Каня читателя да се присъедини към този нов духовен ред, така че да получи най-съществените отговори на вашето съществуване. Единственото условие, което изискваме, е изпълнението на тридесетте заповеди, които вече са изброени в тази и други мои книги. Дайте шанс на душата и себе си по окончателен начин.

### ранната птица хваща червея

"Аз съм Бог, виждам цялата ти ежедневна тоалетна. Виждам времето, когато ставаш, работата си, отдаденост, дишане, страхове, мечти, стремежи и дори до дъното на душата си. Не се притеснявай за бъдещето, всичко вече е подготвено. В момента, в който най-малко го очакваш, ще действам и ще се отплатя основателно за всичките ти действия. Аз съм първият и последен, всемогъщ, всезнаещ, все присъщ, живият Бог, за когото нищо не е невъзможно. Междувременно изчакайте с вяра и увереност, за да дойде победата."

### Кой ще намери Бог?

Вътрешната амбиция на повечето мъже е да намерят смисъла на живота и по този път, мнозина се губят в неверие, в твърдата рутина, блъскайки се в злото и неразбирането на другите. Малко знаят, че Бог се разкрива във всеки добър жест, в хората на вярата, в знаменията на природата, в религиите, в примерите за живот през цялата история. Ясно е само онези, които постигат великия под власт на разбирането на Бог и го разпознават в най-простите неща в живота. Това е култура на мир, разнообразие, равенство, солидарност, любов преди всичко, братство и вяра. В тях можем да разпознаем малко от вечния, истински и уникален баща. Бог е преди всичко същността на всички да бъдем добри и щедри.

### Колко ме обичаш?

Много хора твърдят, че ме обичат постоянно. Това, което виждате обаче, са нечовешки нагласи от тяхна страна, е свързано със съседите им? Тогава остава противоречието, ако не обичаш брат си, когото виждаш, как можеш да ме обичаш, когото не виждаш? Кои ме обичат са тези, които приложат на практика заповедите ми, общо тридесет предмети? Няма средна земя за тези, които искат да ме последват, или се събирате или разпространявате.

Все още има сред тези, които ме следват, чието поведение не одобрявам. Трябва само позор в живота им, за да отрекат името ми или да откажат да направят жертва за един от техните събратя, по-малък от него. Живея сред вас, възнамерявайки да служа на всички. Не е нужно да се спускам толкова много, но го направих за любовта към вас. В замяна очаквам благодарност, преданост и признание. Погрижи се за овцете ми.

### учене от грешки

Нищо не е случайно, включително човешкото засядане на земята. Поставих мъжете и жените да се учат един от друг и от техните грешки и успехи. Това идва от вечното ми лоно.

Ходейки по пътя си на земята, човешките същества ще могат да разпознават своята мелото и моето величие, сила, добрина и суверенитет. Всичко е написано и няма никой на света по-велик от мен. Ето защо, това, което трябва да бъде волно, е навреме, че аз маркирах. Няма за какво да се притеснявате във всяко измерение, защото всичко е координирано според волята ми.

Нищо под небето не е окончателно: зима, лято, есен, пролет, дъжд, слънце, умерен климат, смел,, гняв, сладост, страст, недоразумение, прошка. Това, което остава е моята любов, сила и слава. Думата ми никога няма да престане.

### живот, направен от изяви

Почти всяко човешко същество носи страх в себе си, от това да не бъде прието в обществото. За да се вместят в модел, те предлагат да живеят характер по начин, който не се сблъсква с съпротива от другите.

В книгата си "Аз съм" заемам категорична позиция по въпроса: Ние трябва да бъдем себе си, с истинска автентичност само за нея може да осигури истина, която ни освобождава. Ще има ли страдание? Вероятно да, но фактът, че криеш още по-опустошителна верижна реакция, може да бъде произведен.

Баща ми и аз ще сме готови да ви чуем и приемем такъв, какъвто сте, защото любовта ни е неразбираема и без мярка. Сърцето ми винаги ще бъде отворено. Така че не се колебайте повече и се присъединете към нас.

## Значително решение

Какъв е смисълът на живота ви? За какво живееш? Какви са мечтите и амбициите ви? Ако никой от отговорите не включва Бог, повярвай ми, живееш в масивна дилема. Нищо, което се прави на земята, не може да бъде дислоцирано от божествения глагол. Без той не можем да направим нито една бетонна стъпка към бъдещето си. Когато разпознаете това, е време за промяна и дълбоко възстановяване във вашето съществуване, започвайки от себе си.

Първата стъпка е да отречем всичко свързано със лукавия, което е лошо за нас и за другите. Трябва да свържем мислите си с вечния по такъв начин, че волята ви да е наша воля в уникален и дълбок ритуал за причастие. Съжалявам за нищо. Днес съм стабилизиран млад мъж, щастлив с живота и с перспективи. Още не съм завладял всичко, защото не можеш да имаш всичко, но усещането за мир и хармония в живота ми е безценно.

## Кажи ми творбите си и ще ти кажа кой си

Най-много хора пазят добри намерения, но не ги приложат на практика, те са като хижа, направена от слама, която вятърът духа без никакви по-големи усилия. Това са онези, които не познават истинската любов Божия, която е произведена в конкретни деяния.

Делата на човека на земята са подкрепата и катапулта, които ще го издигнат до най-висшето небе по времето на телесната му смърт. Там, в книгата на живота, всичко е написано и всеки един ще получи според своите послушния в живота.

### не се лят

Всички човешки същества имат мечти. Това, което прави разликата, е начина, по който се справяме с него. Има два избора: Или се посвещавате на целта си, биейки се дори в условията на провал, или просто се отказвате от живота. Тези, които избират първия, несъзнателно са те са мотивирани от божествена сила и обикновено са победители в Божия момент. Важно е да разберете условията, да анализирате вероятностите и да имате добра дългосрочна стратегия.

Дори и така, ние не винаги имаме пълен успех и трябва да съответстваме на божествената воля. В този случай, най-добре е да се търси алтернатива, която отговаря на нашите планове психологически, човешки, и физически. Можете да бъдете сигурни в едно нещо: Всеки един има точно това, което заслужава в този свят и в другия.

### добрите и лошите деца

Родители, мисията ви е масивна. От ранна възраст напътствайте децата си да бъдат добри хора. Учете ги да обичат Бог и ближния си като себе си, дори да им давате пример за поведение. Това е твоята част и можеш да почиваш в мир, когато го направиш -там.

Плановете ни обаче не винаги вървят по желание. Ще се случи, че имате непокорни и непокорни деца. Избавете съдбата на тези на Бог, който може да направи всичко, защото няма начин да контролира темперамента и природата на никого. Почувствай се в мир.

## Какво ме движи, за да правя добро

Казвам се Алдиван Тейшейра Торс, но съм известен и като син божий, Божествен, гледач и чист ангел. Бих казал, че причастие на Бог, което осветява действията ми, е първичната сила за мен да подкрепя моето семейство, приятели, колеги, познати, съседи, читатели и дори непознати, които срещам по улиците.

Отправям покана към всички, в този момент, чрез тази книга. Нека практикуваме добри дела, където и да отидем, да преобразяваме живота дори ако е чрез поглед, глътка или съвет, ако не можете да помогнете материално да допринесете за по-добра вселена, ще си помагате да се изкачите по най-големите височини на еволюцията към царството на баща ми.

## *опасността от власт*

Добре е човек да следва нормалната си рутина на живота без твърде много неразумни амбиции. Ще се обясня. Колкото по-голяма е известността му, славата и богатството, толкова повече завист и престъпници ще привлича около себе си. Така че, сте имали по-добре да имате това, от което се нуждаете за оцеляването си без много известност и да се чувствате щастливи за това. Дайте стойност на вечния, а не на ефимерния.

## *Колко струваш?*

Всичко, което притежавате включително пари, недвижими имоти, инвестиции, дрехи, накратко, материални стоки представляват това, което си струвате в очите на хората. За мен и баща ми си струвате количеството величие на душата и сърцето си.

Пука ни дали ще живееш в хижа, на отдалечено място, изолирано от света. Пука ни как живееш живота си, свързан с делата.

Ако все още не сте намерили водещ път в съществуването си, оттоворът се намира в лоното ми, в брат ми Исус и в моя славен баща чрез природата и знаменията. Ние предоставяме вашия избор и ако това е да останете до нас, обещаваме бърза реакция на вашите каузи. Няма щастие на света освен да се включим в нашия проект за добро. Бъди част от това царство.

## Житейските дървета

Аз съм дървото на живота; Имам могъщ клон, чиито клони водят до спасение и вечното царство. Който ме следва, никога няма да бъде разочарован и никога няма да бъде изтръгнат от житното поле на баща ми. Тези, които ме отхвърлят, не ме познават и нямат имената си написани в сапа ми.

Ще дойде времето, когато вече няма да бъда с вас и на този ден светът ще се разплаче, защото е загубил голяма благодат. Имайки предвид това, възползвайте се от настоящия момент, размислете върху думите ми на живота и вземете окончателно отношение в живота си. Винаги чакаме помирение, не позволявайте на врага да спечели и да ви измами. Обвинителят чака грешката си и се бори за повишението си, спасявам ви чрез светлината си и властта си за това, че няма никой по-велик от мен под небесата и така ще остане завинаги и винаги. Вярвай повече в Бог, ако съм тук, то е защото те обичам без мярка.

## добрият отговор

Живейте свободата си по такъв начин, че да се чувствате добре и да не наранявате другия. Действайте според ценностите си и съвестта си, като не се оправдавате във всеки случай. Не забравяйте, че само вие знаете пътя си и никой няма нищо общо с това. В личното си пространство се опитайте да дадете добри отговори на нарушителя. Това е най-доброто лекарство.

## Значението на планирането

Планирането е от съществено значение във всеки проект. Вземете къща за пример: Имаме основата, структурите, и покрива. Всичко беше стратегически организирано, така че всеки от тези елементи да изпълни функцията си в обекта, наречен къща. Всички сънища са еднакви.

Ако къщата се срине, от съществено значение е да разберем какво се е объркало, да предложим решения и да възстановим къщата. Защото не можем да живеем без покрив, както и не можем да живеем без мечти. Човешките същества са вродено мечтател.

Вярно следвайки заповедите ми и тези на баща ми, осигуряват идеалната ситуация благодатта ни да ви помогне във вашата цел. Религиозната подкрепа заедно с решимостта ви пораждат идеален контекст за успех. Повярвай ми, заслужаваш да си щастлив.

## краят на човека

На разположение на човечеството има само две възможности: Бъдете справедливи и се присъедините към небесното царство или бъдете глупави и вследствие на това обитавайте в по дяволите, край огненото езеро. Човекът е напълно свободен да избере някой от пътищата и това се прави от голямата ми любов към сътворението.

Въпреки, че знам, че по-голямата част от човечеството до голяма степен е предразположено към повишението аз се харесва на вас, читател. Помислете внимателно какво искате за живота си. Ако приемете поканата ми да бъда мой инструмент за добро, ще просветя сърцето ви и във вас ще има само спокойствие и щедрост. Тези, които ме следват, ще утешават болните, ще работят, ще дават милосърдие, ще осиновят сираци, ще помагат на инвалидите да пресекат улицата, ще се борят за права и за Мир, за свят с повече равенство и любов между съществата. Те ще бъдат истински деца на баща ми, както аз съм в истината.

### деня на правосъдието

Краят на времето неизбежно ще дойде. В този Божи ден, който е ден за разплата, всяко коляно ще се огъне и всеки език ще провъзгласи славата ми.

Ще покажа и непостижимата си сила, любов и милост. В този ден ще знаете кой наистина е Бог за нас ще застанем лице в лице като двама приятели и аз ще ви осигуря вечно щастие.

### това, което ме радва

Аз съм духовното Божие дете, някой, който е извървял дълъг път, за да спаси калена човечност. Трябва ни по-справедлив, любящ, подкрепящ свят. Какво ми харесва?

Първо, търся мъже и жени, отдадени на каузата на баща ми. Не говоря за религия; моето стадо е тоталността за присъствам във всички религии, които целят човешкото благополучие.

След това, изпълнението на моите заповеди, съюзени с лична вяра, завършват идеалния слуга. никога няма да те разочаровам; Ще бъда внимателен към вашите нужди, страдания и вътрешни въпроси, така че всичко да бъде решено по най-добрия възможен начин." Ще ви дам щастлива, приятна вечност и в мир чрез заслугата на вашите дела на земята.

### Човекът прави проектите си, но отговорът идва от Бог

Ето, човекът трябва да работи слънце след слънце, търсейки оцеляването си и мечтите си. Спазвайки ценностите му, неговата етика и следвайки заповедите, които оставих, ще мога да му помогна в престоя му на земята.

Всичко е възможно за моята сила, чест, слава и име и в разширение онези, които ме следват. Ако е написано, то ще се случи според волята и суверенитета ти към моята, че аз доминирам над вселената. Имай повече вяра в мен и в децата ми.

## Или не действам правилно?

Много хора правят своите закони и правила и действайки според поведението си смятат, че са на правилния път. Не е така! Правилното отношение е това, което съответства на заповедите, които оставих чрез Моисей, Исус и Божественото. Не добавяйте нито една запетая към вече казаното.

Истинските ми последователи знаят истината и волята ми. Аз съм Бог, Всемогъщият Бог, който ги спаси от човешкото робство и грях и ако мога да бъда определен с думи, аз съм Доброта, щедрост, милосърдие, разбиране, смирение, толерантност, милост, справедливост, достойнство, посрещане, прошка, простота, равенство, братство, съюз и преди всичко безкрайна любов.

## Защо нищо не върви правилно в живота ми?

Много хора, на които им липсват напътствия и план, се провалят в работата си. Това е моментът, в който вярата им намалява или престава за добро. Искам чрез този текст да стигна до тези хора дискредитирани и наранени от "бурите" на живота. Ще ви кажа, че абсолютно нищо не се губи.

Аз съм силата лично и искам да трансформирам вашия свят в рай на мира, успеха, хармонията и спокойствието. Въпреки това, имам нужда от съдействието ти с брат ти, помогни на майка ти, баща ти, съседа ти, да не се увличаш и да не правиш насилие, защото виждам всичките ти действия, защото съм съвестта ти. Обещавам да ти помогна, ако си добро момче, вратите, които със сигурност ще отворят в подходящия момент, носейки ти светлина, която никога преди не си чувствал. Въпреки това, не забравяйте, че е необходимо да споделите първо, засадете, за да пожънете по-късно.

### *Ето ме началото, средата и края на нещата*

Духът духа от там до тук, но никой не знае откъде идва или къде отива. Така че, аз също съм въплътена в същността на по-голямото благо. Мнозина ме питат: Кой си ти? Какво наистина възнамерявате да се впуснете в това лудо пътешествие, което е литература? Имам само една сигурност: аз съм част от едно цяло и не съм оттук, дойдох от сфера, много по-висока от тази, за да се науча и да науча пътя на баща си. Открих значението си и мисията си в най-трудния момент от съществуването си, където просто бях хвърлен в много тъмна яма. Моят ангел обаче не ми позволи да се предам. Не беше по моя начин; Роден съм да блестя дори пред най-големите трудности. Просто трябваше да имам вяра и търпение. Всичко трябва да е в Божието време.

Животът ми започна отново благодарение на силата божия. В момента се боря както никога за мечтите си и тъжен за жалката ситуация, в която човечеството се оказва. Моята роля е да достигам до хората и някак да докосвам сърцето им толкова наранено и греховно. Искам да кажа, че все още вярвам в теб, независимо от действията ти в живота. Важното е отсега нататък. Променете живота си, следвайте пътя на доброто по окончателен начин. Всичко, което търсите най-много, не е в родителите, съпруга ви или гаджето ви, независимо колко ги обичате. Отговорът идва от баща ми, който е началото, средата и края на всичко. Опитайте отново!

## Душата ми

Читател, вие, които досега четете книгата ми внимателно с удоволствие и може би седите на дивана си или легнете на леглото си или на верандата си, получавайки малко слънце. Именно този човек написа тази книга. Ще задоволя част от любопитството ти.

Аз съм от интериора на Пернамбуко, провинция Бразилия, място, благословено от Бог и гигантско по своята същност. Отгледан съм от биологичните си родители в свят на големи трудности и неравенства, който е бразилският североизток. Живях обеднели още от детството, трябваше да работя по-рано, помагайки в полетата на семейството си, за да помогна да оцелея. Знаех, че трябва да компенсирам малкото си условия с много ангажираност в обучението си и това направих. Оставих всякакви удоволствия настрана и светът ми беше книги.

Дори и така да е, признавам, че не е било и не е било лесно. След като завърших гимназия и гимназия, имах трудности да вляза на пазара на труда. Никой просто не ми даде възможност. Именно по това време имах хроничен здравен проблем, навлязох в "епоха на мрака", която нарекох "тъмна нощ на душата", процес, който ме вдъхнови в написването на втората книга от поредицата ми "Гледачът". Имах Йов със стойността на минимална заплата по бразилски стандарти и това беше много малко (150 долара), повярвайте ми. Но това ме извади от мизерия.

Написах първата си книга, която ми послужи като терапия. След това можех да видя, че съм способен и имаше път към бъдещето ми, въпреки че знаех, че в този момент просто е извън обсега ми. Бях принуден да се откажа от литературата за първи път. Беше ми скръбно да имам толкова талант и да нямам възможност. Но кой каза, че животът е справедлив с някого? Всичко, което остана, беше да повярвам в чудо, защото поне се запазих жив и ако има живот, има надежда.

Завърших колеж, преминах публичен преглед, публикувах първия си роман, но ситуацията все още не беше добра. В Бразилия трябва да платите, за да публикувате, защото големите издатели не залагат на непознати. Те търсят преводи на чуждестранни успех в продажбите. Това е нещо наистина депресиращо за литературата толкова развита, колкото нашата. Навикът за четене също не се цени и вследствие на това повечето автори трябва да работят в друга професия, за да оцелеят. Това е сурова и жестока реалност, в която се вмъкват национални художници. Резултат: Отказах се от литературата втори път.

Известно време по-късно се посветих на публични изпити и чрез компетентността си успях да премина кариера в разумно състояние. Надеждата ми се разпали и се върнах на работа като писател. Обещах си, че никога няма да спра и това прави. Това е финансовата ми подкрепа, докато изкуството ми е моята мечта. Ще продължа в борбата да бъда призната и знам, че баща ми благославя, защото това е неговата воля. Целта ми е да завладея света.

Аз съм свестен човек, имам ценностите си, имам семейство, приятели, колеги, читатели, които ми се възхищават. Бъдещето е в Божиите ръце и моето. Прегръдки, скъпи приятели, които ме придружават в тези няколко реда.

### истинско щастие

"Щастието ми не е в хубава къща, в политическа позиция, социален статус, дебела банкова сметка, а в мен и семейството ми, в сътрудничество и милосърдие с другите, влюбени направени и с истински приятели. За мен е достатъчно да съм здрав и ценности, които останалите ще бъдат добавени."

### отражение

Мнозина се гордеем с техните имения, техните сгради, и автомобили, тяхната слава, престиж и влияние. Но нищо от това няма да го избави в разплатата. Ето, баща ми търси доброто и покаялите се. Действията му в живота е този, който ще определи бъдещето ти. Независимо дали сте обичали или презирали, независимо дали сте спасили или бутнали някого в бездната, независимо дали сте наранили или излекували, независимо дали сте съветвали или просто сте останали безразлични, независимо дали сте дали сте дали милосърдие или сте се потопили в сух егоизъм, независимо дали сте бил добър гражданин или нарушител на правилата, накратко, независимо дали сте били добри или лоши.

Уверен съм, че ще имаме заслуженото в правилната мярка. Боже, баща ми, е великодушно същество, справедливо и без предпочитание. Обичай човечеството. Който и да си или каквото и да си направил, ще чакам искрено покаяние и помирение. Не позволявай тъмнината на душата ти да спечели тази битка.

### Аз съм вашият водач

Аз съм всички, силата, славата, честта, суверенитета, троицата, светеца, съюза на душите, ангелите, феите, Елфите и всички добри същества. Казвам се легион, но съм известен и като Алфа, омега, Христос, Месия, син Божий, малък мечтател, Бог, Йехова, Оксала, Олорун, Мауу, Замби, Тупа, между другото.

Предлагам да ви напътствам в престоя ви на Земята. Елате, деца мои, не се страхувайте от никаква вреда за това, че съм с вас. Ще те предпазя от всеки, който се опита да възпрепятства пътя ти или щастието ти. Единственото изискване, което правя, е да бъдеш апостол на доброто в замяна на благоволението ми. Аз съм всемогъщ, весден и всезнаещ, нямам нужда от нищо, съществувам за себе си. На земята, които понякога страдат толкова много: просяци, сираци, улични деца, проститутки, болни, необичани, страдания, обладани от жаждата за алчност и сила, материалистите. Свят раздалечен, в който благодатта ми почива. никога няма да те изоставя; Искам да те използвам, за да помагам на тези хора, но ми трябва разрешението ти да действаш и да те направя, мой инструмент. в мисията си и дори в лицето на най-големите трудности той запази надеждата ти в мое име. Трябват ми хора като него, за да дойде земята. Всички са поканени!

Имам нужда и от по-тясна връзка с верните си. В условията на проблеми, не се колебайте да се консултирате с мен. Имам време за всички, не се страхувайте. Слушай, аз съм във всичко и във всички. Когато отидете да се молите, нямате наизуст молитви, говорете открито с мен. В дома ми, на улицата, на пътувания, на работа, влюбени и навсякъде, където и да отида. Нека умът ми и душата ми бъдат приведени в съответствие с волята ви по такъв начин, че да не се отклонявам от мисията си или да не спирам надясно, нито наляво. Залят ме, сондирам, насърчавам ме и благославям делата си, така че да постигна успех и щастие по заслуги. Позволете ми също, че мога да напътствам съседа си да го освободи от капани, тъмнина и невежество и да ме направи мой истински приятел. Както и да е, нека твоята воля бъде свършена в живота ми и продължи да бъде върховна във вселената. Амин.

## Гледате

Бъдете благоразумни, ходете според моите правила и аз ще одобря поведението ви. Избавяйки живота ви към мен, ще просветля умовете ви по такъв начин, че да се реализират моята справедливост, милост и суверенитет. Това е мисията ми тук на земята.

Когато вече не съществувам в този самолет, желая последователите ми да продължат да разпространяват думите ми в четирите ъгъла на света. Същността на моето същество и баща ми ще надделее завинаги, преобразявайки живота и мечтите. Каквото пожелаете, ще ви дам.

## това, което аз отби

Аз съм същество от добро, чисто и непорочно. Целта ми на земята е да просветя студените умове и празните сърца на грешниците. Дори с всичките си усилия знам, че не мога да спечеля душата на всички. Кой е законът ми прекрачи? Някои примери: Убийци, крадци, изнасилвачи, тези, които практикуват Секс с животни, прелюбодейци, лъжци, егоисти, собственици на фалшива истина.

Всички тези не разпознават името ми, защото дойдоха и отиват при плътта. Има гнили души, които никога няма да достигнат достатъчно еволюционен етап, за да покажат любовта ми.

## ето аз наричам сина си

Мнозина се питат: Къде е месията, или кога ще се върне? Някои дори разследват свещените Писания, за да намерят улики за местонахождението ми. По този начин ще следвам пътуването на човечеството на земята. Ето защо, не го оставяйте за утре да направи добро. Възползвайте се от всеки момент, за да си сътрудничите за един по-справедлив, егалитарен, хуманен и благотворен свят. Ще се обади на сина си от север по време, което вече е назначено. Пред него всички народи ще седят и всеки език и коляно ще се огъват, защото на него принадлежи честта, славата и суверенитета отдясно.

## знаят как да споделят

Виж, знай много добре какво да споделиш и с кого. Безполезно е да имате партита и банкети за тези, които вече имат храна всеки ден. Доброто ви постъпка няма да ви даде кредит или награда.

Поканете просяците, бездомните, бедните, безпомощните на вашето парти или вечеря. Нямаш представа колко страдат ден след ден в унижение и презрение към алтистка общество и от изяви. Това ще направя в царството си: ще призова най-скромното и най-простото сърце да ни събере. Междувременно могъщите по света ще ви служат, защото аз съм Бог и измервам само стойността на душата.

## дара на думата

Благословен е човекът с добро слово, който знае как да приложа духа си на практика на земята. Думите имат сила и сила и начинът да ги използваме може значително да промени виждането ни за света, за добро или за зло. Разместената дума не наранява и наранява сърцата излишно. Напротив, доброто обяснение конзоли и печели душа.

Тук имам специално послание за всички мои пастори: Мисията ми изисква отдаденост, оставка, чиста и разкаяна душа. Не желаете да използвате религията като убежище за техните страхове и проблеми. Ще нося кръста си правилно, моля търпението и предпазливост ви с верните си. Не очаквайте незабавни резултати или слава. Има тръни, по-болезнени от изявените благодатни.

## Сладост, доброта и щедрост

Аз съм син божий, аз съм свестен човек, уважителен, толерантен и любящ с всички. Роден съм, за да дам слава на името на баща си и да изпълнявам волята му.

Моята сладост, съчувствие и кротост омагьосваха онези, които ме познават. Доволен съм от ценностите и действията си, вярвайки, че съм на правилния път. Аз съм отворен към света, дайте кръста си на този, който може да го носи и да продължи напред. Гарантирам ви, че няма да съжалявате, че ни дадете вот на доверие. Ела и бъди щастлив в царството на баща ми.

## кажи ми с кого ходиш, и ще ти кажа кой си

Ето, човекът е това, което мисли и практикува. Потърсете компанията на добри хора, натрупани, и образовани хора, които ви дават удоволствие да говорите и да осигури добра компания. Със сигурност ще бъдете просветлени да продължите в лоното на добрите и да практикувате добри неща.

Сега, ако вървиш с глупавите, буйните, прасетата, наркоманите и убийците, нищо добро няма да излезе от тези връзки. Те ще ви повлияят да бъдете като тях, определят закона и със сигурност, делата им ще бъдат лоши. Оценена за това, което си струва.

## Стойността на опита

Животът преминава бързо и с него бихме могли да участваме в интензивни преживявания. С всяка грешка или успех, допълнително учебен опит в нашия багаж. Нямаме избор; ние се учим само от самия опит.

Когато достигнем старост, ще имаме различно зрение от това, което имахме, когато бяхме млади. Ще бъдем ваксинирани срещу елементите на живота и ще бъдем по-спокойни. Още по-добре, ако достигнем тази възраст в мир и със запазено чувство за справедливост.

## самоуправление

Човешкото същество е много сложно същество. Много пъти объркването се създава от нищо, достигащо точката на агресия и дори смърт. Животът се превърна в нещо обичайно в наши дни.

Нещо важно, което трябва да се обмисли, е самоконтролът, съществено средство за притежаване на мир, успех и щастие в живота. Трудното е да го получите в настоящата ситуация. Считам се за късметлия, защото го направих.

Личният ми опит от огромни провали и предизвикателства ме насърчи да ловувам за нещо повече. Не можех просто да се откажа от себе си. Живеейки през тъмната нощ, изправена пред сегашните ми страхове и търсейки алтернативи и контрол, най-накрая можех да разбера, че отговорът се крие в нас самите. Бидейки гледачът, ми помогна много в процеса на изграждане на знания по такъв начин, че да съм напълно убеден в това, което искам и какво мога. Благодарение на Бог, аз съм собственик на моята истина.

## Съдбата

Какво представлява съдбата? Как се проявява? Заклещени ли сме в него? Това са някои от въпросите, които витаят в съзнанието на повечето хора. За мнозина все още е нещо, което включва много мистицизъм и мистерия.

Съдбата е творческата сила, която движи всички. Въпреки че има свободна воля, Бог ни води по такъв начин, за да изпълним написаното, е свързано с живота ни. Изключението от злите деяния, което идва от човешкото зло.

Имаме важен дял от отговорността в съдбата си. Ще обясня. Няма полза да молиш баща ми за благодат, ако не положиш усилията. Първо, освободи сърцето си от неволите си. Съдбата в тези случаи изглежда помага да сбъднем мечтите си, това е ръката на Бог, която предоставя пълен успех на верните си.

За да добавим, нищо не е окончателно за нас. Всичко може да се промени по всяко време. Ако искаш да си тръгнеш, нашият Бог вече знае всичко предварително. Той е всемогъщ, звезден, всезнаещ и ви обича дълбоко. Ето защо, имайте повече вяра в него и отидете да се биете. Всичко е възможно, Бог не поставя мечти, които не могат да се сбъднат в сърцето ти.

## Моето училище

Аз съм божието дете, някой специален предопределен да спечели сърца и да зарадва мнозина. Имам консолидирани ценности, които ме направиха младия човек, който съм днес и смирен по сърце.

Бъдете честни, достойни, мили, милосърдни, великодушни, милостиви, справедливи, самодоволни, разбиращи, отдадени и Обич. Съдействайте за благосъстоянието на човечеството по някакъв начин, за да можете да си вземете почивката, когато умрете. Жънем само това, което посяхме през целия си кратък пасаж тук на земята.

Преди всичко, никога не спирайте да вярвате в моето име и бащата. Може да е трудно да разберем какво изисква Бог от вас, но всъщност не е така. Той винаги е до нас, готов да ни води. Не забравяйте, че аз съм духът, който духа от там до тук, но че никой не знае откъде идва или къде отива. Мога обаче да извърша чудо и да преобразя живота ти, ако изпълниш своята част.

## Пътища към Бог

Аз съм Бог, съюз на всичко, което е добро във видимите и невидими вселени. Аз съм отговорът на всичките ви проблеми. Довери се повече и ми дай кръста си да нося. Обещавам ти, че никога няма да се разочароваш, защото държа на думата си.

Идвам да ви предупредя срещу лъжепророците, онези, които обещават изцеряване, лично удовлетворение и дори царството небесно в замяна на вашата преданост и парите ви. Не съм в тези практики. Стой далеч от тези шарлатани.

Нито пък съм изключителен от религия или социална загуба, аз съм Бог и името ми е многообразие. Всички онези, които проповядват добро, са на моя страна и аз се проявявам чрез тях, независимо от тяхната религиозна възможност. Обичайте другите като себе си и не съдете, защото нямате шаблон за него. Нека благодатта и справедливостта ми действат, защото място за всеки има.

### стойка твърдо

Да стоиш твърдо с чиста и ясна съвест е подарък, който малцина имат. Повечето хора са пълни със зло и грехове, които ги пазят от баща ми и това наистина е голяма загуба.

Минавам през тези няколко думи, за да ги призова към царство си. Мога да ги възкреся по такъв начин, че да се преродят като нови създания, изпълнени с любов и вярност. Правя това в мое име и за баща ми, който ги обича толкова много. Само вие ми дайте шанс.

Ако отговорът ви е "да", ще действам чрез Светия Дух, заготовки всяка частица от вас включително душата ви. Когато се отдадеш окончателно на силата Божия, бъдещето ти ще бъде пълно с постижения, и успех. Контролирайте несъвършенствата му, тъмната му страна, смъртта, непоследователността и страданието. Като ново същество ще имате тридесетте ми заповеди, които да изпълнявате, и пълна абсолютна воля. Въпреки това, този път, нищо няма да ви отведе твърде зло, защото аз ще бъда с вас.

### Съвет

Животът е голямо виенско колело по такъв начин, че всичко да може да се промени по всяко време. Никога не се подигравайте на някой, който е в положение, по-нисш от вас, професионален или личен. Не изпитвайте прекомерна амбиция за власт, не забравяйте, че съм цар и дойдох да бъда просто слуга. От смирение идва сила и кралска особа.

Само едно нещо няма да се промени, слънце, дъжд, вятър, зима и лято: Любовта ми към теб. Просто ме помни, когато са в най-лошия си.

*ето, че направих всички неща*

Аз съм началото, средата и края на всичко, което съществува. Създадох човечеството с основната цел да се грижа за планетата в широк смисъл. Подкрепях ги с любовта си.

Всичко ми принадлежи и в края на жизнения цикъл ще се върне към половината гърда или иначе ще бъде хвърлено във външната тъмнина, известна като по дяволите по заслуги и дори пред лошото знам как да бъда милостив. Всъщност прошката ми няма граници, винаги съм готов да го направя при най-малкия признак на живот и съжаление.

## Знай как да различаваш

Имал съм много болезнсни преживявания, свързани с приятелството. Ще обясня. Имам чиста душа и да бъда наивен вярвах на всички хора и очаквах от тях същото, което чувствах, истинско и красиво приятелство, основано на връзка на уважение и доверие. Това е основната дума във взаимоотношенията: Доверие.

Именно тази дума ми даде разочарования се отнася за околните хора, беше грешка да им се доверя както направих. С това се научих да разделям нещата по по-добър начин. Приятел е този, който е нашата страна, в добри и лоши времена. Приятелите са рядкост. Мнозина се наричат приятели, но не го показват както трябва. Ако принадлежите към малцинство, те предпочитат да ви избягват и не ви предполагат пред хората, за нула време се ангажират с каузата ви или ви дават добър съвет, който ще ви отведе към доброто. Както и да е, те не са истински приятели. Практично е да отделя професионалните от личните отношения, това беше най-голямата ми причина за главоболие.

Също така е от критично значение да поставите ограничения върху отношенията си с други хора. Не забравяйте, че Бог Отец ви е дал свободата и автономията, така че никой да не се намесва в живота ви. Добрият отговор завършва с любопитството и любопитството от определени бездомници. Никога не се оправдавай.

И накрая, винаги се опитвайте да имате добри взаимоотношения въз основа на предпазливост. Знайте и си дайте шанса да бъдете известни, кой знае, сърцата може да не се разкрият и да го намерят рядко. Вярата и надеждата са тези, които винаги остават независимо от ситуацията. Желая ти късмет в целите.

## Агресия

Този термин има няколко значения. Агресията е не само да нанесе физически страдания на другите. Освен това имаме понятието духовно да нараняваме човешкото същество чрез зле поставени думи. Повярвай ми, тази болка на душата е по-лоша от всяко физическо наказание, което ще те преследва цял живот.

Няма готова формула, която да пази от това зло, тъй като не зависи уникално от вас. През повечето време обидите идват от невежи хора, облечени в фалшив морал и неконтролируем вътрешен страх. Те са хора, които не живеят без самостоятелно -предполагаем утвърждаване, вместо да търсят вашето собствено "Аз съм" и това е, което препоръчвам за пълноценен живот.

В истината ви казвам, че ще намерите щастие само от момента, в който се събудите в реалността си и ще се предположите. Изборът е ваш сам и отговорността също. Ако някой те удари, предложи другата буза. Това ще покаже на целия свят колко си по-висш.

## плати добре с добро

Спазвайте добре това, което получавате от другите днес, и бъдете справедливи във вашето възмездие: Утешете другите и разпростряхте това добро и върху други създания.

## *Винаги ще те обичам*

Хей, ти, дала съм толкова любов откакто съм наоколо. Именно за вас слязох на земята, за удоволствието да ви срещна отново, отново станах мъж. Искам да демонстрирам всичко, което чувствам.

Знам, че мислиш само за себе си и че никога няма да ме видиш с поглед, който се надявам обаче нищо да не се е променило. Това се нарича вечна любов, нещо, което не мога да променя. Искрено се надявам, че следваш съдбата си в мир и че намираш някак щастие далеч от мен и ако не можеш, не се оплаквай, защото изборът беше твой.

## *Предизвикателството да живееш с бунтовници*

Не всичко е мир, любов и спокойствие. Често се борим, но все пак нещо се обърква, а децата ни са непонятни и лоши. Не се безпокойте. Баща ми знае, че си свършил своята част, а сега е с живота. Продължавай да се бориш и страдаш всичко, от което се нуждае.

Това, което искам е, че никога не изоставяш потомството си, нито се отказваш от тях. Някак си, те ще видят доброто, което направихте и ако не се възстановят поне, те ще го уважават. Връзката между баща и син е вечна и никога не се променя.

## *божията благодат*

Имам послание за извратените хора, свързано с материализма и социално влиятелно и могъщо. Не цялото им богатство може да купи благодатта и благоволението ми. Търся смиреното сърце, простите, правилните и с консолидирани стойности. Това, което има значение и какво ще ви благослови още повече, ако живеете според очакванията ми.

Бъдете наясно, че сте глинени и че винаги ще зависите от помощта ми, за да сбъднете мечтите си. Проектите са хора, но положителният отговор идва от мен. Ето защо, имайте предвид моя закон и моята воля.

### *Ето, обичам те през цялата вечност*

Въпреки че съм разочарован от поведението на повечето хора, които никога не променям, аз съм Бог, Всемогъщият, започващ, среден и край на нещата. Царството ми е абсолютно, аз съм господарят на духовете и уреждам всички невидими и видими измерения. Вследствие на това, имай повече уважение и вяра в моето име.

Не се страхувайте да се приближите към мен, за да поискате нещо, ще мога да ви чуя, защото съвестта ви. Аз съм в небесата, в ада, в душата ти, на земята или където и да е другаде. Славата ми може да те покрие напълно. Аз съм истинският Бог, който чака само един шанс да посрещне децата си с отворени обятия.

### *Съдбата на групите*

Ето, поставих те на света с достатъчно свобода да направиш избора си. Вие сте свои собствени, независими и възрастни достатъчно, за да разберете какво е добро и зло. Бих предпочел всеки да бъде добър и свят точно такъв, какъвто съм, но както не е възможно, разделих групите. Праведните ще заблестят като слънцето в царството на баща си, докато нечестивите ще страдат във външен мрак с двете сили, които създадох.

Несправедливите трябва да платят дълга си, представляван от набора от престъпления на земята. Кръвта на праведните вика към мен за репарация за тези деяния. Действам твърдо, за да дам пример на цялата общност. Няма никой по-велик от мен в съществуващите. Всичко е под суверенната ми власт.

Вече верните ми ги познавам от винаги, те бяха транспортирани от специален самолет до земята, за да мога да уча другите по моя начин. Пристигайки на земята, те проповядват словото Ми на четирите ветрове, увещавайки, увещавайки и изправени пред всички трудности на мисията. Ако си мислиш, че всеки е религиозен, всяко мое същество, което поставям на пътя ти е важно. От прост фермер до голям бизнес магнат, аз напълно действам така, че волята ми да бъде свършена. Не се притеснявай, знам точно какво заслужаваш, и победата ти ще дойде в точния момент, ако вършещ своята част. Всичко е отбелязано в светата ми книга.

## Горе главата

Аз те създадох, знам всяка малка точка от тялото и душата ти. Може дори да искате да играете герой пред другите, но пред мен всички са открити. Наясно ли си с решенията си? ? Настоявам да изпратя светиите си да ги напътстват и обаче те се получават с пръчка, камъни и неверие. Това са всички тези, които нямат името написано в книгата на живота. Вече моите подкрепят словото, те дават приемственост на мисията и славата на моето име.

Развесели се, деца мои, дадох ви толкова много възможности и не се интересувайте. Въпреки това, няма да се откажа от душата ви. Ще чакам до края, ако е необходимо, за да разпознаете моето величие, моята любов и моята защита. Аз съм вашият създател, този, който вижда всички и който разбира причините за него. Готов съм да извърша чудеса в живота ви с цел помирение. Искам да го спася от дъното на кладенеца за постоянно.

## подкупа

Крадци, престъпници, перверзии, корумпирани и тези, които практикуват несправедливост, няма да влязат в царството ми. Несправедливият използва подкупи, за да изопачи закона на мъжете и простите завършват ощетени. Кълна се в името си, че този грях няма да остане ненаказан. Ще таксувам седемдесет пъти повече от съучастнице и ще ми повярвате, че ръката ми е доста тежка. Неизбежно е да има скандали, но горко на онези, които ги ангажират, би било по-добре дори да не са се родили.

Тези, които практикуват закона, ще имат своето семейство благословено и животът да бъде удължен на земята. Дъжд или блясък, няма да ви липсва храна, облекло, подкрепата на приятели и вечната ми любов. Който държи на думата ми, ще бъде даден още повече. Продължете да спазвате заповедите ми.

## Обещание

Когато бурята и тъмнината се приближат, викайте за името ми. Ще изпратя ангелите си да се борят с добрата ти кауза. Гарантирам, че нашите са по-силни и ще сломят врага, отлитайки ги далеч от теб. обичам те, деца мои; няма да се случи лошо с тези, които се страхуват от мен.

## знаят как да слушат

По-мъдреци е да слушате, отколкото да говорите глупости. Много думи объркват и благоразумността е от съществено значение във взаимоотношенията между хората. Уважението също е всичко и понижава големи постижения.

Дарът на словото трябва да бъде добре използван, за да могат божиите дарове да дават плод, следвайки примера на мъдростта. Струва много повече от чисто злато. Попитай баща ми окончателното осветление.

## Аз съм дълбока и проливен вода

Аз съм Бог, този, който трябваше да дойде и е по едно и също време навсякъде. Аз съм източник на живот за всички, дълбока и поройна вода, която се проявява чрез добрината на човешките същества.

Изследвам ги всичките през целия им кратък живот и им давам съответните благодат за тези, които копнеят за победа. Кълна се в името си, че невинното сърце, което вярва в мен, няма да остане без отговор.

Аз съм във всичко, което е добро, Но не съм на страната: Клеветниците, лъжливите, престъпниците, магьосниците, педофилите, крадците, пророците, които използват името ми, за да придобият власт и пари, сектите, които насърчават насилието и сатанизмът, защото аз съм Бог и няма никой като мен, аз съм господар на духовете и на всичко, което съществува.

Този, който се бои от името ми и практикува заповедите ми, ще има дълъг живот, щастие, успех и мир на земята. Никой няма да му навреди, защото няма да го позволя. Твърдиш ли името ми в позор или в свети дни? Знайте, че аз съм Богът на всеки ден и заслужавам ежедневна отдаденост. Аз създадох вселената и вие чрез словото си бъдете по-благодарни.

## Силата ми идва от Бог

Аз съм слаб човек, импотентен и несъвършен. Аз обаче се укрепях с духа на баща си чрез явлението причастие. С причастие с баща ми сме едно, т.е. думата му е моя. Спечелих Широкото Божие доверие, по такъв начин, че той ми е дал бъдещето на човечеството и цялата вселена. Той ще ми даде царство. В моето измерение ще царува справедливостта, равенството, уважението, любовта сред съществата, величието и славата на баща ми, който също е мой и простота. Всички раси, религии, езици и етноси, защото съм множествена. Всеки ще има последен шанс за помирение, дори бедните грешници.

ALDIVAN TORRES

С Бог съм всемогъщ, весден и всезнаещ. Тези, които вярват в мен, могат да ме питат всичко и вратите ще бъдат отворени за тях. Аз съм Алфата и омегата, начало и край на нещата.

### за отчаяни сърца

Не бой се, аз съм могъщия ти Бог, който те избави от Египет със силна ръка. Също така съм в състояние да ви избавя от робството на света и от греха, който е толкова разпространен в наши дни.

Наясно съм, че животът е много труден за вас, има много притеснения, свързани семейството ви, себе си и партньора ви. Всичко ще бъде решено, ако направите свободно планиране ден след ден. Ще мога да ви помогна с товара ви. Довери се повече. Стъпка по стъпка ще изградите бъдещето си заедно с вашето с хармония, съучастие и другарство. Поискайте мъдрост и просветление в трудни въпроси и аз ще разреша съмненията ви. Всичко е възможно за тези, които вярват в моето име и това за вас, то ще бъде заверено като справедливост.

Ако злото те отведе до дъното на бездната и всичко изглежда изгубено, пак мога да изпълня чудото на възстановяването. Няма случай изгубен за мен в нито един случай. Ето сина ми, където намирам удоволствието си, опитайте се да научите от него тайната на спасението.

### да даде или да не даде подарька?

Имах лош опит с мой подарък, който беше отхвърлен от определен човек. Така че, ето моите препоръки: Подарете тези, които са много близки с вас, предимно от противоположния пол. Даването на подаръци на хора от същия пол неочаквано може да доведе до погрешни тълкувания и вреда. то безнадеждно. Бягай от тези объркване.

Дайте стойност на онези, които винаги са на ваша страна, на верните и истински съучастнички на деня. Не е достатъчно да се каже, че ви харесва, трябва да го почувствате, да ви приемем с всички последствия, които придават стойност на тяхното изкуство. Отлично е да живеете с хора от подобни идеологии, те ще ви подкрепят, ще ви насърчат и ще ви накарат да растете. Те са тези, които заслужават вашето търпение, интерес, разговори за приятелство и, следователно, представя. Успех във връзките ви.

## късмет и лош късмет

Аз съм Бог, баща на Исус и Богиня и искам да определя някои неща до края на човечеството. Животът е съставен от цикли: зима, лято, пролет, есен, слънце, дъжд, студ, топлина, спокойствие, и тъмнина. Присъствам във всички тези моменти, ръководейки човечеството като баща, напътства дете. Няма късмет или лош късмет за тези, които ме следват, но има предопределение, което ги кара да изпълнят съдбата си, направена от избора им.

## добро е да си добре

По-добре да живеете в кабина и да сте щастливи, отколкото да живеете в имение и да сте сами. Не всички пари могат да ви донесат спокойствие, то се постига само когато сме готови да обичаме ближния си, Бог и себе си.

Простите ежедневни неща са това, което ни прави истински щастливи: Приятелство, любов, съучастие, вярност, съвет, прегръдка, жест на привързаност, искреност, милосърдие, щедрост и особено човечеството това, което липсва в света. Който действа по този начин, със сигурност ще бъде в мир със себе си, където и да е.

## Аз съм синът Божий

Роден съм от Бога; Имам духа му и слязох на земята по волята му. Както при Исус, мнозина няма да повярват в моето име и ще ме отхвърлят. Ако принадлежиш на Бог, ще разпознаеш заслугите ми.

Дойдох да събера отново верните си, изгубените овце. Искам да прекратя тази илюзия, която имате за мен, за селективна, жестока и отмъстителна Бог, колкото много религии рисуват. Аз съм всемогъщ, всезнаещ и весден, мога да осъществим невъзможното и чудото в живота ви. Не се срамувам от никого, имам служители във всяка религия, раса, етническа принадлежност, сексуална ориентация или политика и уважавам и приемам всички. Ако не, щях да съм фалшив.

Какво мога да направя, за да притежавам царството си? Първо, следвайки заповедите ми в общо тридесет вече споменати. Дълбока отдаденост на баща ми и името ми ще го накара да достигне до реализацията на мечтите си в последователност от пълни победи. С баща ти искаме най-доброто за теб. Не ме наранявайте с неверие и богохулства.

## Съвет

Стой далеч от случайни приятели, тези, които са точно до теб в спокойствието. В момента, в който паднеш, те ще изчезнат като дим.

От моя опит, най-добрите ти приятели са семейството ти и бащата-създател, които никога не те изоставят. Веднага след като се възстановите, не приемайте повече трохи.

## няма вреда, която да трае

Животът е съставен от добри и лоши моменти. Ако се окажете отчаяни в този момент, не се притеснявайте, защото всичко на земята е мимолетно. не забравяйте тези, които са ви помогнали, когато сте били в нужда. Най-лошото чувство за човешки същества е неблагодарност.

Върви при Бог в молитва поне веднъж на ден. Говорете с него в отношения между баща и син и той ще има отговорите на вашите притеснения. Отдаденост на нещата на баща ти трябва да е във фокуса на живота ти. Без Бог вие сте абсолютно нищо.

Направете кратки моменти важни случаи, за да се насладите на живота, природата, компанията на приятели, семейство и себе си. Всеки момент е важен и незабравим, бидейки част от историята на живота си.

## Социални взаимоотношения

Обичайно е за пари, власт и влияние да се разделят хората. Известно е, че тези, които са по-добре имат повече стиковани и случайни приятели, заинтересовани от нещата си, тази ситуация е абсурдна и лоша. Важно е човекът да знае как да отдели тези от истинските си приятели. Мнозина отчитат, че те не съществуват и дори отричат кръвната връзка в обществото. За тях бедните не могат да бъдат свързани с богатите.

От друга страна, бедните в най-лошия момент са изоставени от всички, включително тези, които се наричат приятели. В някои случаи само семейството и Бог ги подкрепят, така че да останат твърди и силни, продължавайки напред с живота. Ако тези хора са разкаяни и верни на баща ми, със сигурност тази ситуация може да се промени и те ще могат да се обърнат. Имам специално предсказание за доброто и смиреното. Питай какво искаш.

Против тази социална истина, моето царство и това на баща ми са поставени. В него богатите и бедните, черните, белите, жълтите, индийските или от всякакъв цвят, хомосексуалистите, бисексуалните, хетеросексуалните, от всички религиозни и политически разновидности, от всички възрасти или всяка друга деноминация, ще имат своето място, ако изпълнят заповедите ни.

Аз не изключвам никого от лоното си, именно самите хора чрез свободната си воля се изключват и отхвърлят както направиха с Исус. ако наистина принадлежиш на Бог, ще знаеш как да разпознаеш моите заслуги и добрината ми. Овцете познават добрия пастир. Имай повече вяра в любовта и в наше име.

*молитва към баща*

Отче, моля те за различие да действаш според волята си във всички ситуации. Мога ли да се отнасям към ближния си с уважение, приятелство и любов без мярка и че винаги съм винителна към телесните и духовните ви нужди, давайки пример за истински брат. Не ви моля да улесните пътищата ми, но ви моля за необходимата решеното да се борите за целите ми, защото дори пред долината на сянката на смъртта ще имам увереност, необходима за победата, защото ще бъдете с мен. Също така моля за просветление в мисията си, така че постепенно да допринасям за една по-добра и по-справедлива вселена. Ще се боря срещу фалшификат, черна магия или всяка духовна сила, която се противопоставя на мен и силите на доброто. Ако е необходимо, един батальон ще се бори за каузата ми и ще ме спаси от опонентите, за да му даде още повече слава. Както и да е, никога не ме забравяй, особено по време на смърт. Че след този плътски пасаж вие консолидирате царството небесно окончателно. Така да бъде.

*какво трябва да направите?*

Ако някой ви обиди, въз менете с привързаност; Ако някой ви клевети, отговорете с молитва за човека; Ако някой се опита да ви бутне, прегърнете го; Ако някой ви удари, предложете другата страна на лицето си; Ако някой ви отхвърли или Ако някой ви изключи, включете го във вашите приоритети; Ако някой те обича, обичай го по-пламна и ако някой те мрази, обичай и него; Ако някой ви е сбъркал, подобно на тях, вие сте справедливостта му; Ако някой поиска прошка, простете от сърцето, дори ако той не забрави злото; Ако някой моли за помощ с молба за хляб, дайте му две; Ако някой взема назаем, не отпускайте заеми, вместо това му дайте предмета; ще помогне, ще го направи, без да очаква възмездие. Страхотно ще бъде наградата ти. И накрая, покажете, че сте изключение и се отнасяйте към врага, както и към приятеля си. Бъдете свят и съвършени, както баща ни е на небето.

## благоволението на мощните

Много хора се стремят да подхождат към влиятелни хора с единствен и изключителен интерес от постигане на лично благоволение. Те търсят заетост, специален кредит в банката, интервюта по телевизията или радиото, пътуване. Те като цяло са материалистични хора, които поставят голяма стойност върху това да имат.

Препоръката ми е да не се държиш така. Опитайте се да имате социални взаимоотношения с тези, които наистина се интересуват от вас, независимо от социалната класа. Приятелството струва много повече от власт и пари. Закони ли са те да живеят добре и да останат на земята дълго време. Винаги помнете максимума на растение-реколтата.

## добрият баща поправя сина

Аз съм Бог, създадох всичко и всички. Като добър баща координирам вселената с твърдост и любов, така че плановете ми да се материализират с течение на времето. Нищо не избягва волята ми и горящата ми сила.

Препоръчвам на човешките родители да катализирам децата си според моите заповеди и други здравословни ценности за развитието на детето. Вашата мисия е важна за изграждането на човечество, наистина способно да сътрудничи помежду си и да действа от името на другите. Въпреки това, не се обвинявайте, ако детето ви се бунтува и тръгне по свой път. Животът ще е отговорен да го научи на най-лошата форма.

Отнасяйте се един към друг с уважение и учтивост. Въпреки това, бъдете твърди, когато е необходимо. Когато казвам "твърдо", не е нужно да прибягвате до физическа агресия, само поглед и потвърда дума са достатъчни, за да осведомят обучаемия за грешката си. Ако не стане, остави го в ръцете ми.

Бъдете наясно, че нищо не е перфектно, дори и вие. Това са нормални битки, разделения, объркване, съмнения, безпокойство, страх и нетърпение да спечелиш. Не се безпокойте. Всичко има точното време да се случи. Винаги се нуждаят от подкрепата ти.

## Кой е част от стадото ми?

Аз съм чистият дух, същността на всички добри неща. Аз съм легион, съюзът на силата на доброто. Аз съм във всичко и навсякъде, нямам начало, среден или край, вечно съществено съм точно като децата си. Къде е стадото ми?

Аз не съм Бог на един-единствен народ, на конкретна религия и също не съм злобният и отмъстителен Бог, в който бях превърнат в древните Писания. Не мога да бъда описан с човешки думи, камо ли да бъда подслонен в храм. описвайки ме, Аз съм Милост, прошка, справедливост, праведност, достойнство, простота, смирение, лоялност, суверенитет, авторитет, всемогъщ, сътрудничество, единство, разбиране, помощ, защита, доброта, щедрост, приятелство, солидарност, милосърдие, човечество, най-сетне, върховната любов, която крехкият ви ум не може да мащабира. Аз съм този, който може да извърши чудото и да преобрази живота ви напълно. Винаги искам най-доброто от теб, просто ми дай шанс да управлявам живота ти.

Аз съм Богът на Израел, Исак, Авраам, Яков, Исус, Мохамед, Франсиско Ксавиер, Сидхарта Гаутама, Божествен, туземците, германците или всяка раса, от запад и изток, от бедните и богатите страхуващи се, аз съм тоталността. Не възнамерявайте да следвате религия, за да презирате другите, защото никоя религия няма да ви спаси, това е просто стрела, която показва пътя. те бяха инструменти на доброто и бедните покаяли се грешници. Ще ви дам не само седем шанса за помирение, но колкото са необходими, за да спасите душата си, което е ценно за мен.

Следвайте този, който ви изпратих на земята и научете от него, че той е кротък и смирен по сърце. Който иска да бъде най-великият в царството ми, тогава служи на всички.

## Как да разбера дали поведението ми е одобрено от Бог?

Човекът, който ходи праведно и който следва заповедите Ми, винаги ходи с високо вдигната глава и без угризения. На всяка направена стъпка ви благославям още повече и умножавам даровете му. Справедливият човек има успех и щастие, където и да отиде, и плодовете на работата му се възхищават. Той е готов за нови емоции.

Глупакът, напротив, ходи със свалена глава и се страхува където и да отиде. Всичките му дела са жлъчните и тръни, разпространяващи разногласия сред съществата. Това беше резултат от извратена избор на вас, който предпочита идол пред истинския Бог. Питам се: Какво трябва да ми предложи човекът, за да компенсира голямата си вина? Анализирайте живота си и променете поведението си, преди да е станало твърде късно.

### Къде е верният човек?

Отивам тук-там и се уморявам да търся доверчиви хора. Наистина верните мъже са рядкост в този свят и затова се стремя да ги запазя на всяка цена. Точно както в древни времена един град е бил спасен от съществуването на праведен, именно за малкото добри хора стои светът. Няма да има края на света, ако надеждата съществува.

Знай, че съм всезнаещ и търпелив Бог. Ако някой съгреши срещу мен и ближния ти и се опита да установи пак завета с фалшиви обещания, дори не си губи времето. Аз съм Бог, знам намеренията ти по-добре от теб, ако се провалиш мизерно с някой друг, доверието е нарушено. Никога повече няма да е същото.

### Няма никой по-голям от мен

Аз съм Бог, господар на всичко и всеки. Заповядвам на слънца, комети, квазар, черни дупки, планети, звезди, ангели, демони и цялото човечество.

Това, което виждам през последните поколения, е възходът на злото, което води до откъсване на човека от мен и загуба на вяра. Колко тъжно е това. Аз съм вашият духовен баща и желая най-доброто за децата си. Ако продължаваш да цениш конкуренцията, властта, парите, предразсъдъците, нетърпимостта, политическия, философски и религиозен избор повече от думите ми, няма да мога да направя нищо за теб. Ако промените навиците си и следвате заповедите Ми, мога да действам в живота ви. Обещавам този ден, че моите ангели и аз ще имаме празник, както никога, защото една душа беше спасена от вечно проклетото.

### всички са грешници

Всички са грешници универсално. Злата империя ще остане на земята, докато светът е светът, няма бягство от нея. Позволих този начин, така че съществата да са свободни да избират съдбата си. Дори човек да избере погиване и корупция, той пак ще има шанс за помирение, ако така избере. Всичко щеше да бъде оставено и така би го направило ново създание. Мога да изпълня това чудо, защото съм Бог на невъзможното.

Когато ударите са по-големи от пропуска, ще благославям този човек и ще го усъвършенствам, за да не грях повече. Ще ви водя по път, изпълнен с просветление и успех в замяна на вашата добрина и вяра.

## Тайни

Не пазете тайни от баща си или майка си, разделеното мъка е по-малко тежко и облекчава сърцето. Ако обаче е нещо сериозно, запазете го за себе си и избягвайте по-голяма трагедия. Не си струва да се износват.

Опитайте се да запазите близо истинските си приятели, тези, на които можете да се доверите. Отлично е да говорите и да поискате съвет в най-противоречивите моменти от живота си.

Не коментирайте живота на другите, вие се интересувате само от живота си. Уважавайте варианта на другите и тяхната свобода и не се натрапват. Всеки един знае най-доброто за живота си, за да спечели сърцата на много хора.

## Проклет да си

Прокълнат е човекът, който предизвиква разногласие и разпространява зло по целия свят. Прокълнати са лъжливите, клеветите, престъпникът, убиецът, педофилът, богаташът мисир, бедните горди, егоистите, прелюбодейката, корумпираните и насилствените. Това са тежки грехове, които силно оцветяват душата. Благословен да бъде миротворецът, щедрият, видът, помирителят, мъдрите, любящите, благотворителните и този, който остава с вяра.

## Стойността на обещанията

Казаха им да питат и настояват кога целта им е правилна. Аз съм Бог, обичам лично и им гарантирам победа, ако са верни. Накарай ме заслужено да благословя живота ти.

Много съм доволен от обещанията на преданите хора, винаги ще съм готов да ги слушам и да извършвам необходимите чудеса, които ще допринесат за вашето щастие. Това са неща, които наистина трябва да се случат за благосъстоянието на планетата като цяло. Разберете, че волята ми е суверенна и винаги ще бъде първа.

## Всичко в правилната мярка

Изпълни задълженията и преданията си в правилната мярка. Редувайте се между работата, свободното време, социалните и семейните ангажименти. Животът беше направен по такъв начин, че да се ползваше широко от човечеството, така че не си губете времето.

Вземете редовни упражнения, за да оформите тялото и душата си. Важно е да се грижиш за себе си дори да имаш добро качество на живот. Винаги помни концепцията за пропорционалност и разумност.

## Аз съм вашият водач и крепост

"Аз съм вашият Бог, не се страхувайте дори пред непосредствена опасност от смърт. Колкото и отчаяна да е ситуацията, мога да действам и да те освободя. Аз съм Богът на невъзможното, този, който вижда всичко и възнаграждава душите с благословии, служещи."

Имало едно време един млад мъж на име Петър, роден и израснал в скромно семейство във вътрешността на щата Пернамбуко. Откакто се разбираше от хората, Петър се оказа дете, нежно, всеотдайно и любящо към семейството и обществото си. научили да четат и пишат на петгодишна възраст. Беше гордостта на семейството, красива отвътре и отвън.

Североизточната част на Бразилия е регион с много контрасти, особено социалните. По-голямата част от населението живее обеднели, изправени пред глад, суша, безразличие — владетели и предразсъдъци. Всички тези фактори допринасят за по-голямата част, за да се откажат от мечтите си и да се уталожат в простия си и несигурен живот.

Петър беше изключението, че никога не губи вярата си. Животът винаги му отричаше желанията в различни ситуации. Това беше илюстрирано от липсата на адекватно хранене в детството, липсата на училищни доставки и други ресурси, които помагат в образованието, липсата на приятели истински, неусвоени обича. Той обаче винаги идваше с оптимистична реч.

### хляба, който не е имал

Петър живееше с още шест души, принадлежащи към семейната му група: баща, майка и братя. Бащата е пенсиониран като строителен работник, майката е домакиня, а другите селскостопански компоненти. Семейството оцеля с половината минимална заплата от пенсиониране и все още можеше да счита себе си за удовлетворени, защото в тяхната общност имаше семейства в по-лоши условия.

Един ден Петър наивно попита:

"Майко, гладен съм. Искам малко хляб.

"Нямаме пари, синко. Разбери ситуацията.

"Но аз исках.

"Ще си гладен. Няма друго решение.

"Той е добре.

Недоволен, Петър плака този ден. Какво страдание: малко храна, малко плодове, скициране в кафе, обяд с по близо. Дори като малко момче знаеше, че майка му не е виновна. Това беше жестока реалност и от която той не можеше да избяга с магия.

## В училище

Петър учи в училището в общността си. Това беше просто място, четири стаи, които приютиха оценки на началното училище сутрин и начално училище II следобед. Винаги усърден, той не оставяше липсата на социална и семейна инфраструктура да пречи на плановете му да се дипломира. Ден след ден, всеки със своята трудност, той надминаваше с похвала. Нормално беше картата му за отчет да се напълни най-вече с максимални марки.

Общителен, той винаги се опитваше да помогне на съучениците си с училищна работа. Това е, което е ученето, голям обмен на преживявания между участващите и той плени това от самото начало.

За отдаденост родителите му искаха да го запазят на всяка цена в следването му, докато не завърши. Това беше валидна жертва, която вероятно ще гарантира бъдещето на всички. В края на краищата той беше единственият, който имаше сили да упорства по време на трудности.

## приятелството е рядко

Извън семейния контекст Петър имаше малко и слаби връзки. Той беше мил младеж, любящ, но дори и така никога не намери приятелства на височината си. Вярвам, че с повечето хора също е така. Истинското приятелство е рядкост в днешно време.

Той обаче никога не е спирал да вярва, че е възможно да се намери някой, който е негов съучастник и съветник. Някой, който наистина си струва. Успех на него и на всички, които мислят така.

## Не сключените обича

Петър има душата на любовта и той го направи несмеещо. Той доставяше тялото и душата си няколко пъти на хора, които го събудиха на нещо специално. Невъзможни обича, пълни с препятствия, които никога не се материализираха.

Малко хора знаят какво е да обичаш тези дни. По-голямата част са егоистични и мислят само за себе си. Любовта е размяна, съучастие между двойката. Това е също дарение, оставка, неограничена доставка, това е най-възвишеното чувство.

Болката от отхвърлянето е много голяма, което го накара да се чуди няколко пъти защо се е влюбил. Той заключава, че това е неконтролируемо и че не е бил виновен.

Край

www.ingramcontent.com/pod-product-compliance
Lightning Source LLC
LaVergne TN
LVHW020430080526
838202LV00055B/5113